LES MENSONGES DE L'ARGENT:

QUI ES-TU?

DR. LISA COONEY

TÉMOIGNAGES

Tout simplement le meilleur !

Le Dr Cooney est une thérapeute exceptionnelle, avec des méthodes compatissantes et utiles. Elle est une excellente ressource pour toute personne qui a besoin d'aide et aussi un grand soutien pour le rétablissement de la dépendance.

Le Dr Lisa correspondait très bien à ce que je recherchais et à ce dont j'ai besoin chez un thérapeute. Elle me met au défi quand j'en ai besoin, elle m'écoute quand j'ai besoin d'une oreille attentive et elle prend de mes nouvelles entre les séances pour s'assurer que je fais des progrès. J'ai aussi l'impression qu'elle a personnalisé son approche de nos séances en fonction de mes besoins individuels, ce qui me donne confiance en ses capacités et m'aide à me fier à ses conseils.

Lisa (comme on l'appelle plus communément) est une thérapeute, guérisseuse et praticienne douée qui a vraiment la capacité de canaliser exactement ce dont a besoin chacun de ses clients, qu'il s'agisse d'une thérapie par la parole traditionnelle ou de quelque chose qui sort des sentiers battus. Elle est très à l'écoute, empathique, intuitive et sympathique. Elle ressent les choses avec toi. Elle cherche à comprendre.

Le Dr Cooney est très attentif et propose un format de thérapie qui correspond à mes attentes quant à la façon dont la thérapie devrait être structurée pour qu'elle soit utile. Elle a écouté les résultats que je souhaitais obtenir et les choses qui ont fonctionné pour moi dans le passé, et elle a modifié son approche de nos séances pour répondre à ces demandes. Elle fait un suivi entre nos séances de temps en temps pour prendre des nouvelles et je trouve qu'elle va au-delà de ce qu'on attend d'elle compte tenu du nombre de patients qu'elle doit voir. Elle a également modifié son horaire pour m'accommoder lorsque j'ai eu un conflit quelques jours avant notre séance prévue et elle a pu la reporter rapidement pour que je ne prenne pas de retard dans mes progrès. Dans l'ensemble, je recommanderais vivement le Dr Cooney pour sa combinaison de professionnalisme et de personnalisation, ainsi que pour son expertise évidente dans les sujets dont j'ai voulu discuter.

Le Dr Lisa est empathique, compréhensive et incroyablement efficace. Je n'ai jamais aussi bien communiqué avec un thérapeute. J'ai été honnêtement surprise par la qualité et la rapidité avec lesquelles elle a pu me comprendre et m'aider. Je ne saurais trop la recommander, elle m'a vraiment aidée à changer ma vie pour le mieux.

REMERCIEMENTS

Merci à toutes les cultures, à tous les pays et à toutes les personnes qui m'ont invitée à animer cet atelier sur les Mensonges de l'argent dans votre pays d'origine. Ce fut un grand privilège de faciliter le changement dans votre langue, dans votre pays et dans votre relation avec l'argent, en avant et en arrière.

Se libérer de nos cages financières culturelles et ethniques est aussi important que de créer sa propre réalité financière. Les abus, sous quelque forme que ce soit, n'ont pas leur place sur cette planète. Cela inclut l'abus que tu te fais à toi-même en étant quelqu'un d'autre avec ton argent, en pensant quelque chose d'autre à propos de toi, et en achetant le récit qui ne t'a jamais correspondu. Change-toi toi-même et tu changeras le monde qui t'entoure.

Maintenant, va recevoir ce que l'univers est prêt à donner. Prends-le, quoi qu'il arrive ! Je te mets au défi...

Ce livre est dédié à tous ceux d'entre vous qui se débattent avec l'argent.

À tous ceux qui ont l'impression que les dettes ou les soucis financiers dans lesquels ils se trouvent sont un grand trou noir dont ils ne sortiront jamais ou qu'ils ne dépasseront jamais.

Pour tous ceux qui se sentent perdus, confus, immobiles, terrifiés et impuissants face au changement de leur réalité financière, je partage ces mots avec vous comme un phare qui vous aidera à avancer. Vous peut faire un choix différent.

Tu peux avoir la vie que tu désires.

Tu peux créer l'argent, les espèces, les devises, les investissements et les vacances que tu souhaites.

Choisis-toi

S'engager pour toi

Collabore avec ceux qui conspirent pour te bénir.

Crée-toi

INTRODUCTION

Tu as maintenant mis la main sur une mine d'or.

À tout le moins, un tas de liquidités et d'argent - comme tu veux (car, comme je l'ai constaté avec des milliers de clients dans le monde entier, il y a une différence).

Mais ce livre ne parle pas seulement d'argent... Il parle des mensonges de l'argent.

Et, très franchement, si tu ne vas pas au fond des choses, ils te garderont attaché comme une balle sur une ficelle attachée à un poteau, tournant autour de la même orbite encore et encore.

Tu seras peut-être surpris d'apprendre que ces mensonges sur l'argent n'ont rien à voir avec l'argent réel, mais qu'ils ont tout à voir avec ce que tu utilises pour créer ton "flux d'argent" - ou son absence - sur ton compte bancaire, ton portefeuille, tes investissements, ton chéquier et dans ton porte-monnaie à l'heure actuelle.

En d'autres termes, tout cela s'actualise en tant que ta réalité financière.

Est-ce que cela te semble être une entreprise de grande envergure ou un peu écrasante ?

Si c'est le cas, tu seras heureux de découvrir, comme les personnes qui ont participé à ces ateliers en personne, que tout ce qu'il faut pour commencer à créer une nouvelle réalité financière pour toi, c'est un changement d'un seul degré.

Et tout le monde peut le faire, y compris toi.

Comme tu le verras, une fois que tu es entré et que tu as regardé, la cage des mensonges et des limitations commence à s'ébranler puis à s'effondrer.

C'est alors que la vérité commence à se faire jour. Quel est le rapport avec l'argent ?

Parce que l'argent est une énergie, comme tout le reste. Nous sommes de l'énergie. Chaque cellule de notre corps contient de l'ATP, l'adénosine triphosphate. C'est l'énergie de l'esprit, l'énergie de l'empreinte de notre âme.

Nous nous présentons sous une forme. L'argent se présente sous une forme. Nous sommes tous de l'énergie, mais nous la séparons par ces mensonges.

L'argent n'est pas le problème - c'est nous qui le sommes.

Elle n'a rien à voir avec l'extérieur et tout à voir avec ce qui se trouve en toi et avec tes systèmes de croyance. Elle a à voir avec ce que tu penses d'elle, ce que tu projettes sur elle, ce que tu lui fais signifier, ce par quoi tu te définis, et si tu l'as ou non.

Ce livre est rempli de leçons que j'ai tirées de formidables ateliers, ou "Tasters" comme je les appelais, sur les mensonges de l'argent que j'ai organisés dans différentes régions du pays.

Malheureusement, certains mensonges liés à l'argent flottent insidieusement à travers les individus, leurs familles et leurs cultures, transmis de génération en génération. En plus de 20 ans de pratique privée, de pratique de groupe et de pratique internationale, j'ai constaté que l'argent est l'une des trois principales raisons pour lesquelles les gens viennent me voir (les autres étant la santé et les relations).

J'ai commencé à remarquer qu'il y avait un schéma chez mes clients qui présentaient le même "problème" : ils pouvaient créer de l'argent, mais ils ne le gardaient jamais ou ne l'avaient jamais.

D'autres pensaient qu'ils ne pouvaient pas créer d'argent - et donc qu'ils ne pouvaient pas en avoir.

Si tu lis ce livre, je soupçonne que tu trouveras ta propre expérience quelque part dans ces pages et que, par conséquent, tu commenceras à avoir ton propre décalage d'un degré. Et quand ce sera le cas, j'aurai fait mon travail.

Parce que les mensonges de l'argent consistent à se confronter à ces trois questions :

- *Qui suis-je ?*
- *Qu'est-ce que je suis ?*
- *Quel est le mensonge auquel j'adhère et que j'ai rendu vrai ?*

Crois-moi, ce n'est pas un travail pour les faibles.

Mais il s'adresse à ceux d'entre vous qui sont prêts à vivre leur ROAR® - ce que j'appelle leur Radically Orgasmically Alive Reality (réalité radicalement vivante et orgasmique).

C'est un travail pour le méchant ROAR® à l'intérieur de toi qui dit : "Ça suffit. Ça ne vaut plus la peine de se cacher derrière ces mensonges".

Et tu sais, ce n'est vraiment pas le cas. Alors, viens chercher ton argent...

Parce que l'argent entre tes mains changera le monde.

1

FIXER LE ZÉRO

"Je vais vous donner juste un petit avant-goût des mensonges de l'argent ce soir", me souviens-je d'avoir dit à mon auditoire animé à Maui lorsque je m'y suis rendu pour un atelier sur Les mensonges de l'argent. Il s'agissait d'un atelier rigoureux de cinq jours au cours duquel nous avons essayé de faire tomber des couches et des couches de traumatisme, de jugement, d'auto-jugement et bien d'autres choses encore pour toutes les personnes qui étaient venues pour cette expérience. C'est toujours un privilège et une énorme responsabilité lorsque les gens vous font confiance et s'attendent à ce que leurs blessures les plus profondes guérissent grâce à votre vertu. Et le fait de pouvoir partager l'histoire de cet atelier est une autre bénédiction qui me permet de me connecter avec vous, mon public de lecteurs. Alors, c'est parti...

C'est tellement intéressant quand on parle d'argent parce que cela apporte cette énergie de blocage. Il y a trois principaux mensonges sur l'argent et, si tu les examines, tu découvriras que ce sont ces hypothèses en toi qui créent la réalité financière qui, en fait, n'est pas toi.

Mais tu crois que c'est toi.

Maintenant, cela peut piquer ton esprit pendant un moment, et tu peux te sentir perdu.

J'espère que ton esprit s'élargira en lisant ceci, parce que ce que nous nous sommes tous fait autour de ce sujet de l'argent est une élimination radicale de notre brillance créative phénoménale.

Alors, que t'apporte l'argent dans cette réalité ? Te donne-t-il la liberté ? Te permet-il de faire un bon choix ? Est-ce qu'il te donne quelque chose de luxueux ? Qu'est-ce qu'il te donne d'autre ? Rires ?

Il y a de fortes chances que tu te dises qu'il t'apporte la sécurité, le divertissement, le luxe, etc. Et c'est ce que mes participants ont dit à Maui.

En vérité, cette réalité fonctionne grâce à l'argent, et pourtant tant de gens ont gardé l'argent loin d'eux pour de nombreux mensonges différents. Et je vais aborder trois de ces mensonges qui fonctionnent comme un trou dans ta poche.

Maintenant, imagine l'argent. Personnellement, je garde mon argent en sécurité dans mon portefeuille, souvent accompagné de billets de cent dollars, le tout maintenu par une pince à billets en or 14 carats. C'est lourd - même le vent ne l'emporte pas.

Quand je regarde cet argent tenu en toute sécurité, il me rend heureux. Quand je le tiens dans ma main, je me sens puissant. Je me sens créatif. Quand je fais un peu mes courses et que j'utilise une partie de l'argent, je me sens revigoré.

Quand je tiens cet argent dans mon portefeuille, je sais que tout est possible. Quand je me regarde dans le miroir, je sais que tout est possible. Quand je regarde l'océan, je sais que tout est possible.

Cependant, la plupart d'entre nous regardent l'argent et choisissent de croire que tout est impossible à moins d'en avoir.

Voilà donc le premier mensonge de l'argent : Nous sommes nombreux à croire que ce bout de papier a du pouvoir sur nous, qu'il est plus fort que nous, plus que nous. Il a autorité sur nous. Il nous possède.

Regarde comment tu le regardes en ce moment. Regarde ce qui se passe dans ton corps pendant que tu le regardes. Écoute ton esprit et ce que tu dis pendant que tu le vois :

- *À quoi penses-tu ?*
- *Qu'est-ce que tu juges ?*
- *Qu'as-tu décidé ?*
- *Qu'en as-tu conclu ?*
- *Qu'as-tu calculé ? Et...*
- *Comment as-tu peut-être configuré le fait que l'argent est un dieu de cette réalité devant lequel tu dois te prosterner et prêter allégeance, pour l'avoir ?*

C'est un mensonge.

Il n'y a rien que tu doives faire ou être pour avoir ce droit ici. Tu dois simplement choisir d'être ou de faire ce qui te convient. Voilà donc le premier mensonge de l'argent.

Le deuxième mensonge est à peu près le suivant : Disons que tu as pris ton argent pour aller voir un thérapeute de couple. Tu mets l'argent sur la chaise - et tu as ta chaise - et le thérapeute te dirige, toi et ton argent, pour avoir une conversation sur votre relation l'un avec l'autre, en utilisant des messages "je".

S'il te parlait, que te dirait-il ? Comment serait-il traité par toi ? Est-ce l'amant qui dort sur le canapé et qui, par conséquent, n'est pas l'amant ?

Est-ce celui qui te quitte et préfère aller au bar pour passer du temps avec ses amis, au lieu d'être avec toi ? Ou bien est-ce toi qui t'en vas et va au bar pour être avec tes amis et ne pas vouloir être avec lui ? Pourrais-tu même envisager que l'argent soit ton amant ?

C'est le deuxième mensonge dont nous allons parler : l'argent est ton bourreau, ton geôlier, et tu es son esclave. Et qu'à moins de l'avoir, tu ne peux pas choisir au-delà de ce que tu choisis en ce moment. Qu'il ne te donnera jamais ce dont tu as besoin.

Dans ce mensonge, tu le critiqueras toujours. Tu seras toujours sceptique à son égard. Tu ne lui feras jamais confiance. Tu voudras le tromper. Tu voudras te gaver avec elle. Tu ne l'économiseras jamais. Tu ne l'auras jamais. Tu le dépenseras toujours. Tu ne choisiras jamais de t'en entourer.

As-tu remarqué qu'il y a un thème dans tout cela ? Ce thème se trouve en chacun de nous, en chacun de vous.

Ainsi, le premier mensonge est que l'argent est dieu et que tu es moins que. Le deuxième mensonge est que l'argent est ton bourreau, ton éternel geôlier, et que tu ne peux pas l'avoir.

Et le troisième mensonge est quoi ? Peux-tu le deviner ?

Lorsque j'ai posé cette question dans mon atelier, tous les participants avaient leurs réponses uniques, et aucune d'entre elles n'était fausse. Ils ont donc répondu par des choses telles que "Tu n'auras jamais assez d'argent".

L'argent, c'est le mal.

Tu dois travailler dur pour l'obtenir.

L'argent ne peut pas m'acheter l'amour.

Et tout cela est cent pour cent exact et vrai pour les personnes qui le ressentent et ce qui est vrai dans cette réalité. Ces mensonges forment des systèmes de croyance entiers. Ce sont des jugements. Ce sont des choses que nous avons décidées, jugées, conclues, calculées et autour desquelles nous avons configuré notre réalité, y compris nos comptes en banque, nos relations, nos corps, nos emplois, nos corvées, nos vête-ments, et tout ce qu'il y a entre les deux.

Ils déterminent quand nous pouvons aller à Hawaï, quand nous ne le pouvons pas, ce que nous mangeons quand nous pouvons aller chez Whole Foods ou Safeway, ou quoi que ce soit d'autre.

Mais ce sont tous des systèmes de croyance.

Le troisième mensonge est que l'*argent est un problème*.

L'argent n'est pas le problème - c'est nous qui le sommes. Ce que nous en pensons, ce que nous projetons sur lui, ce que nous lui faisons signifier pour nous, ce par quoi nous nous définissons, que nous en ayons ou non.

Ce ne sont pas tous les mensonges de l'argent, mais ce sont les trois mensonges de l'argent qui me sont apparus très clairement tout au long de mon parcours personnel. Et ils constituent l'essentiel de ce livre.

2

TOUCHER LE FOND

Que tu m'aies déjà vu parler ou que tu ne m'aies jamais vu parler, tu sais probablement que je commence généralement par une structure ou un plan de ce dont je vais parler, et qu'environ dix minutes avant le cours, je le jette à la poubelle parce que je me connecte à l'énergie de ce qui vient et de qui se présente.

J'écoute ce que les corps, les êtres - l'énergie de tous les participants réunis - peuvent entendre et souhaitent entendre. C'est plus important que n'importe quel plan, du moins pour moi, que je pourrais élaborer. Et ensuite, même si je l'ai jeté, je le rattache toujours pour des raisons de structure et de cohérence.

Comment est-ce que je fais cela ? Cela vient en partie de ma licence et de mes titres de docteur en psychologie et de thérapeute, ainsi que de praticienne en traumatologie et en médecine somatique. Je voyage à l'étranger, j'ai une émission de radio et j'organise des ateliers - travail corporel, travail énergétique - dans le monde entier.

Mais il y a deux ou trois autres choses qui m'ont permis de me distinguer et d'arriver dans une classe, de jeter mon plan et de parler à ce qui se trouve dans la salle - et cela est basé sur l'énergie. Pour répondre à la question du comment, permets-moi de partager avec toi quelques éléments qui m'ont marqué de façon indélébile.

Il y a une quinzaine d'années, on m'a diagnostiqué une maladie potentiellement mortelle. C'est là que j'ai réalisé que j'avais un gros problème avec l'argent. Si tu tombes malade, tu découvriras que tes soins de santé aux États-Unis ne couvrent pas tes choix natu-ropathiques. Tu pourrais facilement encaisser ta retraite, ta maison, tes investissements, ton porte-feuille, et ainsi de suite. Et c'est exactement ce que j'ai choisi de faire consciemment, et je suis toujours là.

Lorsque j'ai été diagnostiquée pour la première fois, le médecin m'a dit que le mieux que je pouvais faire était de vivre avec des médicaments pour le reste de ma vie, et qu'il faudrait m'enlever un organe ou deux, peut-être trois ou quatre une fois qu'ils seraient là. Qui l'eût cru ?

Ils m'ont donc donné trois options : le tuer, vivre avec des médicaments ou le faire enlever.

À l'époque, j'avais tout juste 30 ans, et j'ai dit à l'endocrinologue : "Eh bien, il doit y avoir une autre option."

Je ne l'oublierai jamais parce qu'il a été l'une des principales raisons pour lesquelles je me suis tournée vers des moyens énergétiques pour guérir, changer et faire des choix différents dans ma vie - des possibilités différentes - dans ma vie physiquement, émotionnellement, spirituellement, financièrement et énergétiquement.

Il m'a dit qu'il n'y avait pas d'autre choix. Rien d'autre n'était possible.

Je suis donc partie et ne l'ai plus jamais revu, ce qui m'a conduite sur le chemin de l'Institut Theta Healing® (aujourd'hui dans le Montana), où je suis restée pendant trois mois.

En trois semaines, j'ai guéri la maladie. Il a fallu un peu plus de temps pour guérir l'ensemble du corps de tous les problèmes. C'est parce que la guérison énergétique et la médecine naturelle considèrent le corps dans sa globalité.

D'autre part, l'endocrinologue utilise la médecine allopathique pour examiner uniquement le système endocrinien et quelques organes et systèmes connexes du corps. Je ne dis pas nécessairement du mal des endocrinologues ou de la médecine allopathique. J'y ai toujours recours. Il s'agit simplement de mon expérience.

Lorsque j'ai fait ce choix et que j'ai vu ce qui pouvait se passer avec l'énergie, j'ai su qu'il se passait quelque chose d'autre dans cette vie sur le plan énergétique. J'ai donc fait le choix de changer toute ma pratique, passant d'un docteur en psychologie traditionnel et de séances hebdomadaires à une animation de groupe, un travail énergétique, une guérison par l'énergie, et d'entrer dans les systèmes de croyance et les limites de ce que nous pensons psychiquement et psychologiquement et qui crée le mal-être et la maladie dans le corps.

D'accord, alors comment tout cela se rapporte-t-il à l'argent ?

J'avais besoin de gagner plus d'argent. Cela m'a coûté environ un million de dollars pour me soigner. J'étais malade. J'étais dans le cabinet du naturopathe probablement deux ou trois fois par semaine, huit heures par jour, à faire des tests pour ceci et cela. Des piqûres, des intraveineuses, tout. Et en même temps, je me rendais à l'institut pour obtenir ma maîtrise - parce que, bien sûr, j'avais besoin d'un autre diplôme.

Mais, pendant tout ce temps, j'ai vu cette facture s'accumuler et ma retraite diminuer. J'ai vu la maison et le terrain que je voulais construire, le plan et tout ce que j'avais prévu pour ma vie commencer à s'écrouler à 30 ans. Je pensais que c'était la fin.

Et puis la vraie fin est arrivée... Zéro.

Tu sais peut-être à quoi je fais référence.

Mon solde bancaire, oui.

J'ai atteint ce point "zéro" et j'étais terrifiée. J'ai grandi à New York. Mon père travaillait dur quand il était dans l'immobilier. Il nous a permis d'aller à l'université. Nous avons toujours eu un emploi. Nous avons toujours travaillé. Nous avons toujours eu notre propre argent. Nous avons toujours appris. Il nous a appris comment économiser, ce qu'il fallait faire, toutes ces choses.

Je ne connaissais pas le "zéro"... jamais.

Je travaille depuis que j'ai neuf ans. J'adorais ma petite tournée de journaux. Ma mère avait un break en bois et elle nous conduisait. Quoi qu'il en soit, c'était amusant. Et j'adorais Noël. Tu sais, les conseils de Noël.

J'aime l'odeur de l'argent. J'adore le goût de l'argent. Je le goûterais et le sentirais littéralement. Pendant mes étés à l'université, je travaillais à la banque ; tous les vendredis, on entrait dans la chambre forte. Je m'asseyais là et je sentais et respirais l'argent.

Mon père était un entrepreneur. Je suis un entrepreneur. Je n'ai travaillé pour personne depuis l'âge de 20 ans et quelques. Il m'a dit très jeune : "Lisa, ce n'est pas seulement un monde d'hommes. C'est un monde de femmes. Ne fais que ce que tu aimes. Travaille toujours pour toi. Sois ton propre patron et sors de chez toi pour gagner des millions."

C'était un garçon pauvre de Brooklyn. Il a obtenu une bourse de football à l'université, puis il est allé à l'armée et a également reçu une éducation de cette façon. C'était un immigrant irlandais de la deuxième génération. Ma mère était une immigrante italienne de deuxième génération. Travailler dur faisait partie de la culture. L'éducation faisait partie de la culture. Ils travaillaient tous à New York, ce genre de choses.

Je suis allée en Californie et j'ai mis mes Birkenstocks à la place, mais l'argent était un de mes amours. J'ai eu une histoire d'amour avec l'argent. Sais-tu quelle est son odeur ? Son goût ? Il y avait quelque chose en lui. Et j'attribue cela à mon père. Il m'a montré qu'il était important de conclure des accords, de respecter sa parole et de collaborer avec les autres.

Il avait seize ou dix-sept immeubles d'habitation différents à un moment donné. Mon travail consistait à compter l'argent et à le mettre en piles en travers de la table dans son bureau au sous-sol. Je ne voulais rien faire d'autre. Je ne voulais aller nulle part ailleurs. Les gens peuvent aller jouer. Ils peuvent se déguiser. Ils peuvent aller au centre commercial, faire tout ce qu'ils veulent, mais je voulais être près de l'argent. Je voulais le sentir, le goûter. Si j'avais pu m'en entourer, je l'aurais fait.

Puis j'ai atteint la trentaine, et j'avais zéro sur mon compte en banque.

Où allais-je vivre si cela continuait ? Qu'est-ce que je vais manger ? Qu'allais-je dire à ma mère ? Comment allais-je le dire à mon père ?

Plus particulièrement, comment pouvais-je me regarder dans le miroir ? Je veux dire qu'à ce moment-là, j'avais ma maîtrise. J'étais coordinatrice thérapeutique d'un centre de traitement en Arizona. Je m'en sortais un peu mieux.

Puis je suis tombée malade.

Et quand tu tombes malade, tout ton monde change.

J'ai donc dû regarder ce "o" à plusieurs reprises - et faire un choix parce que je pouvais mourir.

Je pouvais rentrer chez moi, ce qui allait me tuer, mais je pouvais rentrer chez moi.

Je pourrais aller voir un ami. Je pourrais tout vendre.

Je pouvais continuer à aller travailler. Je pouvais travailler plus dur, mais c'était difficile de travailler en étant malade.

Alors, qu'est-ce que j'allais faire ?

C'est à ce moment-là que j'ai commencé à me demander : "D'accord, comment quelqu'un qui est en si bonne santé peut soudain devenir si malade ?". Je ne devais pas être en si bonne santé que ça. La maladie n'apparaît pas du jour au lendemain. Tu peux recevoir un diagnostic du jour au lendemain, mais une maladie se développe sur des années et des décennies. C'est à ce moment-là et de cette façon que l'univers m'a donné des signes. À ce moment-là, j'ai su que je devais changer ma réalité, y compris ma réalité financière.

Il y avait des mensonges que je vivais et qui créaient en quelque sorte cette maladie, qui s'actualisait en tant que maladie dans mon corps - en fait un choix entre vivre ou mourir. Et tout cela parce que la seule chose que je n'ai jamais eue m'a été enlevée.

Si l'argent n'a pas été retiré et que ce "zéro" n'est pas arrivé, je veux que tu comprennes ceci : Je n'aurais pas écouté. J'aurais continué à vivre comme avant parce qu'il n'y avait pas de problème, n'est-ce pas ?

Apparemment, il y avait un gros problème.

Pour être franc, j'avais tendance à thésauriser l'argent. J'avoue que j'ai une véritable affection pour lui. Je l'aime vraiment. J'ai la conviction que lorsque je possède et dépense de l'argent, j'influence la conscience de quelque chose.

Lorsque je m'engage dans mon travail, le monde entier prend vie - l'Inde, Hong Kong, Taïwan, Hawaï, la Californie, le Colorado, la Floride et tous les autres endroits où j'ai donné des cours. Lorsque vous vivez un moment de prise de conscience, ce moment "aha", c'est de l'argent bien dépensé pour me faire venir ici. Cela contribue au développement de la conscience. Je ne sais même pas ce qui va se passer, mais cela va augmenter mon compte en banque d'une manière ou d'une autre.

En fait, cela va m'augmenter à tous les niveaux : énergétiquement, psychiquement, spirituellement, psychologiquement, ainsi que financièrement. Je veux tout cela. Mais je ne veux pas seulement tout cela pour moi, je le veux pour nous tous.

Comme je l'ai dit plus tôt, vous êtes les personnes dont nous avons besoin sur cette Terre et dont j'ai besoin pour avoir de l'argent. J'exige que vous ayez de l'argent. Je désire que vous ayez de l'argent. Pas seulement pour le dépenser mais pour l'avoir, pour changer la conscience sur cette planète parce que j'ai une cible plus grande que les personnes que je vois pendant quelques heures.

Mon objectif est d'éliminer et d'éradiquer toutes les formes d'abus de cette planète et de faire en sorte que tous les individus puissent choisir de vivre de façon radicale et orgasmique.

Sais-tu combien il y a d'abus financiers sur cette planète ? Combien d'entre vous ont été victimes d'abus financiers ? Même si mon père m'a appris toutes ces choses, il y avait aussi un gros mensonge dans ma famille.

J'étais un enfant mannequin à New York, et j'ai été forcée de participer à des actes et des événements innommables à ce très jeune âge. Des gens étaient payés pour les actes auxquels j'ai été forcée de participer, et je n'étais pas payée.

Mais cela m'a coûté cher 30 ans plus tard.

Tu n'as pas besoin d'avoir une histoire extrême. Certains d'entre vous résonneront avec ce que j'ai dit, et d'autres n'en auront aucune idée. Je ne dis pas : "Hé, venez ici et vivez ces expériences".

Mais pour ce qui est de l'argent, oui, j'aimerais que vous vous baigniez tous avec de l'argent. Mettez-le et enroulez-vous autour de lui. En fait, c'est votre pièce à domicile : Va chercher autant de billets de cent dollars ou de cinquante dollars que tu peux. Mettez un peu de colle dessus et recouvrez-vous de l'argent.

D'accord ? Fais-le et amuse-toi bien. Tu peux inviter quelqu'un, qui tu veux. Avec un peu de chance, si tu es marié, c'est la personne à côté de toi, mais peut-être que tu veux quelqu'un d'autre à côté de toi.

Tu veux inviter quelque chose d'autre à entrer - c'est ce dont je parle - une réalité radicalement, orgasmiquement, vivante. L'argent n'est pas forcément un sujet lourd. Dans ma situation extrême, crois-moi, ce n'était pas drôle. Cependant, voici à quoi cela ressemble quand on s'est retourné et qu'on a regardé, qu'on est entré et qu'on a fait le ménage. Pour pouvoir me tenir ici et penser que j'ai quelque chose à partager, je dois me tourner et regarder. Je dois me retourner et regarder.

Et tu sais quoi ? Ce qui se passe aujourd'hui, c'est comme si mon père m'avait fait un cadeau. Il m'a appris que l'argent n'était pas une question de sexe. Ce n'était pas une question d'origine, d'éducation ou de formation. Ce n'était même pas une question de devoir travailler dur.

C'était choisir d'être ce que tu voulais être.

Mon père travaillait dur et jouait dur. J'ai assisté à plus de Super Bowls et à plus d'événements sportifs que je ne pourrais jamais te raconter. Mon père était un fan des Yankees, alors nous y allions tous les mercredis, vendredis et week-ends. Il était fan des New York Giants. Le dimanche, nous étions là. Le hockey, les New York Rangers, le lundi, le mercredi et le vendredi. Et il nous entraînait au Madison Square Garden, pour les New York Knicks. C'est ce que nous faisions.

Il l'a dit à tous mes amis. Mon frère, ma sœur et moi devions chacun inviter deux ou trois amis avec ses billets. Il sortait dans la rue pour acheter un siège de gradin à 5 $ afin que tous ses enfants et leurs amis puissent assister aux matchs. Ce n'était pas nécessaire-ment parce qu'il avait beaucoup d'argent ; c'était simplement la façon dont il avait choisi de vivre. Bien qu'il ne soit plus parmi nous, je lui suis éternellement reconnaissant pour ces moments. En 25 ans de pratique de la thérapie aux niveaux international, national et local, je n'ai jamais rencontré quelqu'un d'autre qui ait été élevé d'une manière aussi unique en ce qui concerne l'argent. C'est une réalité peu commune.

Mais quand la maladie a frappé, et que j'ai touché le fond, cela a enlevé cette brillance, cette joie, ce sourire contagieux dont je parle souvent - tout cela s'est évanoui quand j'ai été confronté à ce zéro financier.

J'aurais pu succomber au rôle de victime, de personne luttant contre la maladie, désespérée, abandonnant tout, n'ayant plus aucun désir d'aider qui que ce soit, pas même moi-même. J'aurais pu choisir de renoncer complètement à la vie.

Mais j'ai décidé d'embrasser la vie parce que, quelles que soient nos histoires individuelles ou nos expériences passées, aussi difficiles qu'elles aient pu être, nous conservons le pouvoir de choisir. La question à laquelle nous sommes confrontés est la suivante : choisissons-nous de vivre dans une réalité définie par des mensonges ou dans une réalité construite sur la vérité ? Allons-nous nous concentrer sur l'abondance ou sur la pénurie ? Quelle réalité veux-tu créer ?

Je comprends que cela puisse paraître trop simpliste. Crois-moi, je comprends, surtout lorsque tu te sens piégé dans des sables mouvants, pris au piège d'un mensonge. La fausseté semble si concrète que tu la recrées involontairement à plusieurs reprises. Elle se solidifie, ce qui rend de plus en plus difficile d'envisager quelque chose de différent.

Voici la vraie question : Est-ce que tu souris ? Trouve-tu le bonheur en embrassant les mensonges de l'argent ?

Si ce n'est pas le cas, cherche cette petite molécule dans ton corps, cette innocence enfantine que mon père m'a inculquée - une innocence autour de la création, des affaires, du travail, du plaisir, de la joie et du choix d'être mon propre patron. Tu ne dois pas nécessairement être ton propre patron, mais tu peux adopter cet état d'esprit même si tu travailles pour quelqu'un d'autre. Il s'agit de choisir de voir les possibilités plutôt que de se concentrer sur les limites. Tout est possible.

Voilà un aperçu de mon histoire, mais qu'en est-il de tes mensonges sur l'argent ? Quels choix pourrais-tu rejeter en embrassant les mensonges sur l'argent que tu te racontes à toi-même... les mensonges que tu choisis activement ? Et quel est le coût réel de la croyance persistante en ces mensonges sur l'argent ? Que ferais-tu si tu étais assis devant ton ordinateur comme je l'étais ce jour-là, fixant le zéro, paniquant, planifiant ton plan B, ta stratégie de sortie ?

Compte tenu de ta situation financière actuelle, quels choix ou quelles créations pourrais-tu faire ?

Et voici mon mensonge préféré - et la question : quelle réalité financière vis-tu ?

Lorsque j'étais au plus bas, j'ai dû me demander : "Qu'est-ce que j'aime dans le fait d'être à zéro ? Qu'est-ce que j'aime dans le fait d'être dans un état de drame et de catastrophe ? Qu'est-ce que j'aime dans le fait d'être malade ? Qu'est-ce que j'aime dans le fait de mourir ? De quoi est-ce que je meurs d'envie de sortir ? De quoi suis-je malade ?"

Pas "Tu peux m'emmener prendre un café parce que je n'ai pas d'argent et je suis vraiment paniquée, et mon patron est une salope, et je ne peux pas aller voir mes parents parce que tu sais qu'ils me détestent et qu'ils s'en serviront contre moi pour le reste de ma vie... et, et, et, et...".

Rien de tout cela.

Pour vraiment comprendre ta situation, tu dois te demander : "Qu'est-ce que je fais pour créer cette situation ? Quels sont les choix que je fais qui perpétuent ces schémas ? Pourquoi ai-je des comportements qui me donnent envie d'abandonner ? Comment est-ce que je me laisse tromper ? Quelles sont les actions que j'entreprends et qui limitent mon potentiel ?"

Cette enquête sur soi est le travail difficile qui donne naissance aux mensonges et à l'auto-illusion. Les récits que nous construisons agissent comme des lentilles teintées de déni, nous protégeant de la confrontation avec la vérité. Nous préférons souvent maintenir une façade de supériorité et avoir raison plutôt que de plonger dans la réalité qui se cache derrière le rideau.

Personnellement, j'accorde de l'importance à la confrontation avec la vérité. Je veux me regarder dans le miroir et reconnaître l'authenticité plutôt que d'inventer des récits. Même lorsque je me surprends à inventer des histoires, je les accueille avec honnêteté. Par exemple, si la colère fait surface, je fais une introspection et je me demande : "Où ai-je eu un comportement similaire ?" Lorsque le jugement surgit, je réfléchis : "Où ai-je fait l'expérience de ce jugement ?"

Je m'efforce d'aller au-delà de ces constructions limitatives, de tirer parti des déclencheurs à mon avantage et de les transformer en opportunités de croissance personnelle et financière. Plus tard, je partagerai quelques techniques pour y parvenir.

Maintenant, discuter de ces aspects lors de mon émission de radio hebdomadaire devant un auditoire de 205 000 personnes dans le monde entier a demandé du courage. Malgré mes références dans le domaine de la santé, notamment en ce qui concerne des pratiques comme la Theta Healing®, qui consiste à travailler avec l'énergie créatrice de l'univers, je reconnais que l'adoption d'approches non conventionnelles peut être décourageante.

Bien que je possède des licences et des titres dans le domaine de la santé conventionnelle, j'adopte une perspective plus large. Ces titres, bien que précieux, ne me confinent pas dans une boîte structurée. Au contraire, elles constituent des atouts, attirant l'intérêt d'un public mondial et ouvrant des portes à la collaboration et aux opportunités. Le message ici n'est pas de se vanter mais de souligner l'importance de tirer parti de toutes les compétences et de tous les atouts que tu possèdes.

En fait, tout le monde possède quelque chose de précieux. Il s'agit de reconnaître et d'utiliser ces qualités uniques pour créer une réalité au-delà des limites.

Chacun d'entre vous est soigné et brillant. J'ai écrit ma thèse sur ce sujet, alors je le sais. C'est ce qu'on appelle l'empreinte de l'âme, tout comme notre empreinte digitale est unique à chacun d'entre nous. C'est l'empreinte de ton âme. Chacun de vous a une empreinte d'âme unique à imprimer sur les lèvres de la réalité.

Il se trouve que le mien fait partie de ce que je fais ici aujourd'hui. La tienne est ce que tu fais ou ce que tu es - ou ce que tu refuses de faire ou d'être - mais tu l'as.

3

QUELLE RÉALITÉ FINANCIÈRE VIS-TU ?

Alors, comment devient-on responsable de sa réalité à tous les niveaux, du plus profond de son esprit jusqu'au monde physique tangible qu'on vit au quotidien ? Nous pouvons commencer par l'esprit. En fait, dans mon atelier, l'une des participantes a posé cette question cruciale. Elle a dit : *"Eh bien, je pensais juste au problème subconscient derrière l'argent, pour ne pas dire que j'ai des problèmes d'argent. Tu peux toujours obtenir plus d'argent, et je le pourrais facilement, alors je pensais à ce qui pourrait juste me retenir, même si je posais ces questions et tout le reste. Comment ferais-je ?"*

Sa question était fondamentale, et la réponse consiste à te poser une autre question fondamentale : Quelle réalité financière vis-tu ?

Avant de te poser cette question, remarque si ton corps est léger ou lourd. Et vois le changement que le fait de poser cette question entraîne dans ton corps.

Lorsque j'ai posé ces questions dans mon atelier, les participants ont eu des réponses uniques.

"D'accord, alors quelle réalité financière vis-tu ?"

"Mon oncle".

"Mon parent"

"Mon père"

"Mon talent"

Et avec leurs réponses, ils ont tous ressenti un changement dans leur énergie. Certains se sentaient plus chauds, d'autres plus froids, certains se sentaient légers, d'autres lourds. La salle était pleine de changements d'énergie ; c'est dire à quel point une simple question peut être puissante.

Alors, mon lecteur, quelle réalité financière vis-tu ?

Identifie ce que cela t'évoque et essaie de faire la distinction entre la vérité et le(s) mensonge(s). Les mensonges qui ont été tissés par le monde qui nous entoure, par nos systèmes scolaires, nos mères, nos pères et nos patrons. Ces mensonges influencent grandement la formation de notre réalité financière.

Donc, si ta réalité financière est la tienne, tant mieux. Mais partout où ta réalité financière a une limite ou un plafond, c'est tout ce que tu peux avoir et pas plus. Là où tu as décidé : "C'est à moi. C'est à moi. C'est à moi. C'est à moi. C'est à moi. C'est à moi. Et c'est tout ce qu'il peut être".

Mais nous devons briser cette mentalité, et tu sais pourquoi. Dans mon atelier, les participants ont trouvé que cette mentalité était limitative. L'un d'entre eux a fait la remarque suivante *: "Nous nous limitons en possédant quelque chose comme nôtre, ce qui le fixe à tout ce qu'il peut être et rien de plus...*

Et c'est vrai, c'est comme si "nous ne bougeons pas. C'est à moi, et c'est tout." Eh bien, tout ce qui est à toi et "c'est tout" a un peu de supériorité. Et tout ce qui a de la supériorité pourrait ressembler un peu à Donald Trump.

Je sais que cela a l'air d'un super jugement, mais voilà : Donald Trump avait des millions de dollars et les a perdus. Des millions de dollars et il les a perdus. Des millions de dollars et il les a perdus. Non, je ne vote pas pour Donald Trump quand je dis ça, d'accord ? C'est là que je m'étire et que je me dis, d'accord, je ne l'aime pas, mais qu'est-ce que je peux apprendre de lui ?

Et je pense à son entreprise. Je ne le connais pas, mais je me demande ce que je peux apprendre de quelqu'un à qui je n'aspire pas à ressembler, que je n'imite pas et que je n'aime même pas regarder. Que puis-je apprendre de lui ? Il y a quelque chose qui le rend brillant dans le domaine de l'argent et des affaires."

Je n'ai pas besoin d'avoir de l'argent et d'être comme ça, mais je peux recevoir moléculairement et cellulairement quelque chose que je ne connais pas. Il est en quelque sorte meilleur que moi en matière d'argent, et je veux être meilleur pour moi-même afin de pouvoir changer le monde à partir de ma réalité financière.

La réalité financière de chacun a quelque chose à nous apprendre. Si tu as quelque chose à m'apprendre à ce sujet, je le permettrai et je le recevrai de toi.

Ou si tu n'aimes pas quelqu'un, regarde où tu te fermes et le repousses. Sais-tu que chaque jugement que tu reçois et que tu laisses passer augmente ou diminue ton compte en banque ? Les jugements que tu portes sur toi-même et sur les autres permettent à l'argent de circuler ou le refusent. Imagine combien d'argent tu aurais gagné si tu n'avais pas laissé les jugements limitatifs obstruer ton flux d'énergie qu'est l'argent. Pourtant, nous nous retrouvons tous à juger les choses de manière limitative.

Lorsque j'ai demandé aux participants de mon atelier quels jugements ils portaient sur eux-mêmes, ils ont donné des réponses différentes auxquelles, je pense, beaucoup d'entre nous peuvent s'identifier.

"Je pense que c'est avec moi-même que je suis le plus terrible. Je suis gentille avec tous les autres, mais pas avec moi-même, et c'est là que ça s'ouvre."

"Je ne suis pas assez bon".

"Je peux faire mieux".

"J'ai l'impression d'être un raté".

"Je ne suis pas assez bon. Je peux faire mieux et c'est difficile de le dire parfois."

En pensant à ces jugements sur eux-mêmes et en les partageant, ces participants mettaient à jour des mensonges auxquels ils avaient cru. Il s'agit d'une libération somatique. Tu peux le faire toi aussi et réaliser, en un instant, à quel point cela fait ressortir tes inventions et tes mensonges sur toi-même qui t'empêchent de réaliser ton véritable potentiel, même sur le plan financier.

En réfléchissant aux expériences passées, je me souviens d'un moment de transformation pendant l'atelier de Maui où j'ai guidé un participant pour qu'il reconnaisse son excellence dans l'échec. En fait, je lui ai dit de dire "Je suis le meilleur dans l'échec" au lieu de dire "Je suis un raté". Le contraste entre la déclaration "Je suis le meilleur en matière d'échec" et l'étiquette autodestructrice "Je suis un raté" a mis en évidence leur tendance à utiliser l'échec comme bouclier pour rester discret. Il est devenu évident que le choix de s'identifier comme un raté servait à rester petit et à éviter la visibilité.

Le participant a admis avoir minimisé la bonté de sa vie, craignant l'envie des autres. Il s'est rendu compte qu'en dissimulant ses véritables sentiments et réalisations, il perpétuait un mensonge, entravant non seulement son expression authentique, mais limitant également le flux d'abondance dans sa vie.

Mais avant de laisser les autres prendre le contrôle de ta vie avec leur jalousie, leurs jugements, leurs critiques ou simplement leur manque d'assurance, pense au pouvoir que TU détiens. Et si ce que tu dis inspirait quelqu'un à faire un choix différent ? Et si le fait de te montrer tel que tu es inspire quelqu'un à faire un choix différent ? Combien d'argent cela te rapportera-t-il, et combien d'argent cela leur donnera-t-il tout en répandant l'abondance sur la planète ?

Vous êtes les personnes qui peuvent changer le monde.

Vous êtes les personnes à qui l'argent doit revenir parce qu'avec votre conscience, vous changerez la réalité sur cette planète. Le changement d'un degré que vous faites en ce moment, qui consiste à passer de l'invention et du mensonge à la vérité de l'ouverture de la lumière, du plaisir et de la liberté, changera votre réalité financière.

Comme le disait mon père, "sois ton propre patron". Ce n'est pas seulement un monde d'hommes. Ce n'est pas seulement un monde de femmes. Fais ce que tu aimes. Tu vas travailler pour quelqu'un, aime-le. Tu veux être ton propre patron ? Sois ton propre patron."

Alors, quelle est la chose que tu peux choisir maintenant et que tu n'as jamais décidé de choisir ? Que choisirais-tu de faire pour sortir de ta zone de confort ?

Avant d'avoir un cabinet complet, je n'avais pas un seul client. J'avais un bureau, alors j'allais à mon bureau et je fixais mes rendez-vous dans mon calendrier. Il n'y avait personne, et j'écrivais simplement "Clients étonnants" dans l'horaire de 60 ou 90 minutes. Je m'asseyais dans mon bureau pendant ce temps, je faisais une pause après les 60 ou 90 minutes, puis j'y retournais. Je créais mes cartes de visite, mes prospectus, mes paquets, ou je passais un coup de fil pour dire aux gens ce que je faisais.

Parfois, je me rendais dans une librairie, je mettais en place un atelier de groupe, je suivais un autre cours ou j'allais suivre une formation. Et à chaque fois que quelqu'un m'appelait, je remplissais le créneau avec le nom de la personne, ce qui correspondait à la séance.

J'ai continué à avancer parce que j'ai choisi de ne pas croire au mensonge selon lequel si je sors, quelqu'un va se sentir mal. Au lieu de cela, j'ai acheté la vérité que si je sors de là, quelqu'un d'autre sortira de là. Quelque chose va les inciter à collaborer avec moi.

C'est dépasser le mensonge.

Pour dépasser le mensonge, tu dois agir. Tu dois le faire.

4

QUE VEUT L'ARGENT ?

Je travaille avec beaucoup de personnes qui font du commerce sur les marchés financiers. Parfois, ils se retrouvent coincés et continuent à faire le même trade. Ils ne veulent pas le quitter, ou alors ils perdent. Ils pensent que c'est un échec au lieu d'avancer. Alors qu'en vérité, si ça ne marche pas et que ça devient lourd et dense, tu dois bouger. Réduis tes pertes et bouge. Ils l'obtiendront, et tu le gagneras dans l'instant suivant, ailleurs, mais cela ne se manifestera jamais comme tu le penses. Tu ne peux donc pas te servir de ta tête.

Lorsque ton esprit est en phase avec ton corps, tu éprouves un plus grand sentiment de liberté. Dans ma vie personnelle et professionnelle, je donne la priorité à l'écoute. Je fais attention à la sensation de légèreté, car elle signifie la bonne direction pour moi. Si

quelque chose me semble dense, lourd ou trop compli-
qué, et si je me retrouve à plusieurs reprises face à des
obstacles, je ne m'obstine pas à pousser contre eux. Au
lieu de cela, je reconnais la nécessité de réévaluer et
d'explorer d'autres voies. Je ne continue pas à me
frapper la tête contre le mur.

Je dis : "Oh, je dois poser plus de questions. Je dois aller
ailleurs". Puis je me demande : "Qui ou quoi peut me
faciliter la tâche tout de suite ? Où dois-je aller ? À qui
dois-je parler ? Qui peut m'aider ? De quelles autres
informations ai-je besoin ? Qui possède ces informations ?"

Je ne sais pas comment cela se passe, mais j'obtiens
toujours une solution d'une manière ou d'une autre. Je
reçois un courriel ou un message texte. Je vois quelque
chose sur l'ordinateur. Je lis quelque chose dans le
courrier, ou je parle à un ami, et il me dit : " Hé, cette
personne cherche ça ", et c'est exactement ce dont j'ai
besoin. C'est comme ça que j'ai trouvé mes entrepre-
neurs pour mon entreprise.

Alors la prochaine fois, au lieu de me demander si je
dois aller ici ou là. Vas-y et pose d'autres questions. Tu
as besoin de plus d'informations.

N'oublie pas que ton entreprise est une entité à part
entière ; traite-la comme tu le ferais avec une autre

personne. Ton entreprise a un but et des objectifs ; tu dois communiquer avec eux. Mon entreprise s'appelle Live Your Roar. Elle a un but. J'ai un objectif. Je l'ai écouté, et partout où je me déplace dans mon entreprise, je lui pose toujours des questions.

Tu as donc besoin de plus d'informations en commençant par ici. Pose-toi des questions telles que :

Quelles autres informations puis-je ajouter ici ?

Qui possède ces informations ?

Où puis-je obtenir ces informations ?

Que puis-je faire ?

Demande à ton entreprise :

Qu'est-ce qui te ferait plaisir aujourd'hui ?

Quel est ton objectif ?

Qu'est-ce qui requiert le plus d'attention de ma part ?

Où puis-je aider à gagner plus d'urgent ?

Que dois-je créer pour y parvenir ?

Qui dois-je embaucher ?

À qui d'autre dois-je parler ?

Où dois-je aller ?

De combien d'argent ai-je besoin ?

Créer un lien de confiance solide avec ton entreprise et apprendre à se connaître. C'est ce que j'appelle l'ouverture radicale.

Il y a quatre C à l'altivité radicale : Te choisir, t'engager envers toi, collaborer avec l'univers qui te conspire pour te bénir, puis créer ta vie à partir de là.

Ce sont les quatre principes de toi et les quatre principes de l'entreprise. Choisis pour toi, engage-toi pour toi. Collaborez avec l'univers qui conspire à vous bénir, puis créez et allez de l'avant ensemble.

J'anime une émission de radio intitulée Au-delà des abus, au-delà de la thérapie, au-delà de tout, n'est-ce pas ? Nous sommes à l'antenne depuis deux ans et demi maintenant. Au cours des 13 premières semaines, nous étions dans les trois premiers du top 10 sur Empowerment Channel, et nous sommes restés dans les cinq premiers depuis le début de l'émission.

J'ai écouté cette affaire tous les jours. Ce matin, je me suis levé, j'ai fait une émission de radio en direct et j'ai écouté l'entreprise.

Chaque semaine, je dois créer une émission en direct : un contenu nouveau et original, une description de l'émission, des citations sur les médias sociaux et des sujets. J'écoute et je dis : "Bon, Terre, univers, monde, 205 000 personnes à l'écoute, de quoi voulez-vous entendre parler ?".

Bam.

Je ne me mets pas dans ma tête en me disant : "Que dois-je faire pour Voice America ?" Je me demande : "Quelle est l'énergie qui appelle à parler maintenant ?"

Que te demande l'entreprise ? Littéralement, c'est peut-être ce qui te fait tourner la tête - d'entrer en contact avec ce qui est maintenant à l'extérieur de toi.

Ton entreprise est une énergie et une entité en soi.

Laisse-le s'envoler. Laisse-le rugir. Sors ta tête des résultats et mets-la dans les possibilités. Il sera facile de dessiner et d'actualiser les personnes, les lieux, les situations et les événements qui correspondront à collaborer en ta faveur.

Il est intéressant de noter qu'il y a des moments où, en raison de nos mensonges sur l'argent, notre environnement s'oppose à nos objectifs. Il devient limitatif. Dans mon atelier, l'une de mes participantes était confrontée au même dilemme. Lorsque j'ai parlé de l'envol de nos affaires et de notre argent, elle a posé une question décrivant sa situation.

Voici ce qu'elle a dit : *"C'est logique quand tu parles de savoir si ton argent t'aime. J'ai l'impression que c'est une relation dans laquelle je me montre sexy en portant une eau de Cologne à 300 $. Mais ensuite, on s'assoit pour parler et on se dit : "Oh, tu fais toujours ça ? Ta mère est toujours comme ça ? Est-ce que tu fumes encore des cigarettes ?"*

En entendant parler de sa situation, je lui ai demandé si elle et sa vision se jugeaient mutuellement. Alors, vous vous jugez l'un l'autre ? Et elle m'a répondu :

" Je ne sais pas si ça me juge, mais c'est comme "je t'aime, mais pas si tu fais encore ça". C'est comme si je t'aimais et que tu devais te montrer comme ceci et comme cela."

Il était clair que son amour était mêlé à des attentes et à des conditions. C'était un amour conditionnel, un amour que nous n'accepterions jamais de la part d'un partenaire, mais que nous acceptons lorsqu'il s'agit d'argent.

C'est alors que j'ai décidé d'explorer les sentiments de la participante liés au contrôle, à la supériorité et à la réticence à recevoir de la joie. Elle a nié être une personne contrôlante et a affirmé être libre à d'autres égards. Je lui ai donc posé une autre question importante : "Qu'est-ce que tu aimes dans ces conditions ?" Et c'est là que les choses ont commencé à se décoller ; elle a mentionné qu'il s'agissait pour elle d'un "truc de supériorité".

Cette relation conditionnelle qu'elle avait avec l'argent restreignait sa joie, et pourtant elle s'était raconté ce mensonge qu'ils la rendaient supérieure. Et elle restreignait sa joie depuis l'âge de sept ans.

Mais lorsqu'elle a découvert les mensonges qu'elle s'était racontés et qu'elle a fait un exercice de respiration, nous avons pu créer un changement physiologique et psychologique d'un degré dont elle avait besoin. Lorsqu'elle a compris qu'elle repoussait la joie depuis l'âge de sept ans, elle a décidé de changer les choses.

C'est ainsi que nos mensonges sur l'argent se perpétuent, entraînant des conflits internes et un manque d'abondance. Et tout ce dont nous avons besoin, c'est d'un changement d'un seul degré.

5

LE POUVOIR DU JUGEMENT

Les humains, nous sommes des êtres courageux, et pourtant l'argent n'est pas forcément un sujet amusant à aborder pour les gens. Maintenant que j'ai partagé avec toi quelques mensonges sur l'argent, je vais voir si je peux te déclencher un peu et, à un moment donné, tu pourrais rire et évoquer ce qui t'a vraiment amené à lire ce livre. Pour se renseigner sur l'argent.

Après plus de vingt ans de travail dans le domaine mental, à animer des ateliers au niveau local, national et international, ce que j'ai appris, c'est qu'il y a trois raisons pour lesquelles les gens viennent faire un travail personnel de changement et de transformation :

1. Santé - une crise survient.

2. Relation - une rupture ou une séparation ou un divorce.

3. L'argent - avoir des difficultés dans les affaires ou ne pas réussir à joindre les deux bouts.

Au bout d'un certain temps, je suis devenue très douée pour travailler avec les gens dans le domaine des relations et de la santé, moi y compris. Mais cette histoire d'argent me rongeait toujours, ainsi que mes clients et le monde entier. J'ai décidé de me concentrer sur cette question pour voir ce que je pouvais apporter de plus à ce sujet sur lequel les gens organisent des ateliers et écrivent des livres.

C'était un peu exagéré pour ma personne chargée de l'image de marque. Si tu ne sais pas ce qu'est une personne chargée de l'image de marque, elle te dit où placer ton créneau et te colle dans une boîte - et tu es censé rester dans cette boîte et ne pas en sortir.

Pour ceux d'entre vous qui commencent à me connaître, c'est comme ce truc de Dirty Dancing, "Personne ne met Bébé dans le coin". On ne me met pas dans une boîte ; il n'y a pas de boîte qui me corresponde.

Lorsque j'ai commencé à aborder le sujet de l'argent, j'organisais des ateliers, des téléconférences, mon émission de radio Voice America, ainsi que des séances individuelles, des séances de coaching et des séances VIP avec les gens. Mais en même temps, mon père est décédé il y a quelques années, et j'ai dû faire face à une situation financière qui s'ajoutait à une multitude d'autres problèmes.

Je me suis rendu compte de mon aveuglement face à la réalité de l'argent, et cela m'a semblé insensé. J'étais là, essayant de comprendre comment aider les autres à améliorer leur relation avec l'argent, alors que j'étais aveugle à ma propre réalité financière.

J'ai donc commencé à examiner les décisions que j'avais prises au sujet de l'argent, ce que l'argent signi-fiait pour moi - comment je l'avais rendu si important, comment il était mon Dieu, comment il était la façon dont je recevais de l'amour ou la façon dont je me sentais dans ma peau si j'avais de l'argent. Je ne me sentais pas bien dans ma peau si je n'avais pas d'argent.

Puis j'ai commencé à me demander : "Qu'y a-t-il au-delà ?"

Qu'est-ce que c'est que cette histoire d'argent avec laquelle tout le monde a des problèmes ? Il y en a de toutes les sortes.

J'ai eu beaucoup d'argent et je n'en ai pas eu du tout. Et j'ai une très grande communauté de gens qui ont beaucoup d'argent - et ils ont autant de problèmes avec l'argent que les gens qui n'en ont pas.

Peu importe que tu n'aies rien, des milliards, des millions ou des quadrillions. Il y a toujours des questions concernant cette chose appelée argent - donc personne n'y échappe.

Puis, lorsque mon père est décédé, je me suis mis à réfléchir : "Qu'est-ce que c'est ? Quel est le sens de cette chose appelée argent dont tout le monde choisit de ne pas profiter ?"

Et même lorsqu'ils l'apprécient, ils ont toujours peur de "Quand est-ce que je vais le perdre ? Quand est-ce que je ne l'aurai plus ?"

Il y a toutes sortes de syndromes - par exemple, "la fête ou la famine", "la mentalité du travailleur acharné/serviteur" ou "travaillez dur, ça ne doit pas être facile". Ou "Je suis un peu comme un paysan et je serai toujours la propriété de quelque chose", et "Je dois travailler pour quelqu'un d'autre parce que je ne peux pas me débrouiller seul, car si je me débrouille seul, comment vais-je pouvoir me débrouiller seul ou laisser quelqu'un d'autre se débrouiller seul ?

Tout cela se passe dans cette réalité et se passait aussi en moi.

Lorsque mon père est décédé, j'ai littéralement perdu tout accès à tout. Tout m'a été complètement retiré, et il ne me restait plus rien. Je sais que tu dois te demander pourquoi j'avais même accès au compte de mon père. Permets-moi de t'expliquer cela un peu plus tard.

Je me souviens d'avoir été à une station-service, d'avoir mis une carte dans la pompe pour acheter de l'essence, comme je le faisais d'habitude. Je n'avais jamais eu à y réfléchir à deux fois auparavant. Cela ne veut pas dire que je n'avais pas eu de problèmes ou de questions d'argent ou de manque de fonds pendant mon séjour sur cette planète, mais il n'y avait rien à ce moment-là.

Je me suis dit : "Comment vais-je payer pour ça ? Et comment vais-je vivre ?"

Je n'ai jamais eu à réfléchir de la sorte parce que j'ai toujours eu mon père. Il m'a rendu les choses très faciles et a toujours été quelqu'un qui me disait : "Qu'est-ce que tu aimerais ?". Je ne savais jamais quand cela viendrait, et c'était toujours une sorte de plaisanterie : "D'accord, je descends au sous-sol, je sors la presse à imprimer et tu l'auras sur ton compte." Il était mon guichet automatique, ma carte de débit, à bien des égards - pas de code pin, pas de code d'accès, il suffisait de demander et de recevoir.

C'était la chose la plus facile que j'ai jamais vécue, mais c'était de la part de quelqu'un d'autre. Vous comprenez ça, n'est-ce pas ? Cela n'avait rien à voir avec moi ; c'était en dehors de moi.

Et quand il est parti, je suis restée là, à la station-service, comme ça, en pensant : "Je n'ai aucune idée de ce que signifie avoir de l'argent, de ce que signifie vraiment économiser de l'argent, ou planifier un avenir avec de l'argent au niveau dont je savais que j'avais vraiment besoin, parce que tout était tamponné par quelqu'un d'autre."

Étais-je proche de mon père ? Vivions-nous l'un près de l'autre ? Non, il était à l'autre bout du pays. En fait, nous nous voyions rarement ou nous parlions au téléphone. C'était la relation, et la distance était grande, mais ce n'était pas grave. C'est ce que nous faisions.

Dès son plus jeune âge, il m'a dit : " Lisa, ce n'est pas seulement un monde d'hommes. C'est un monde de femmes. Sois ton propre patron, fais ce que tu aimes et ne te contente jamais, gagne ton propre argent, sois heureuse."

C'est ce que j'ai fait, et il m'a facilité la tâche, même si cela ne veut pas dire que je n'ai pas travaillé dur du matin au soir. J'aimais et j'appréciais ce que je faisais, aider les gens.

Puis, en avançant rapidement, sa mort m'a fait comprendre que "Oh, je ne peux accompagner les gens que dans la mesure où je l'ai fait moi-même." C'était une poche aveugle qui n'avait pas été découverte jusqu'alors. Je ne savais même pas qu'il était malade, et il est décédé quand j'étais à l'étranger sans que je lui dise au revoir autrement que sur le téléphone portable, ce qui était parfait. C'est une belle histoire.

Il voulait que je sois là où je suis, à faire ce que j'aime, à vivre ma vie. Je n'avais pas besoin d'être là. Cela peut sembler une justification pour certains, mais pour moi, c'est quelque chose que j'ai vraiment incarné.

Si tu connais mon histoire, les autres choses qui se passaient dans la maison n'étaient pas si faciles, alors j'avais un peu l'impression d'être dans mon bon droit. C'était comme : " Bon sang, étant donné les 2 ½ décennies d'abus et de violence que j'ai subis dans mon enfance, du sexuel au financier, au physique, à l'émotionnel, au psychique, à l'énergétique ", avoir un peu de facilité - un père qui n'exigeait pas de mot de passe ou de code pin pour un distributeur automatique de billets - eh bien....

J'avais l'impression de le mériter, compte tenu de ce que j'avais souffert.

J'ai été reconnaissante de cette expérience parce qu'il a été là pour moi dès le début, et puis, même dans sa mort, il m'a mis ça dans la figure : "Une fois que je ne serai plus là, qui auras-tu ?".

Et puis j'ai réalisé qui j'avais ; c'est ainsi que ma situation financière a changé.

J'avais moi.

Tout m'a été enlevé ; chaque parcelle d'argent et chaque accès à l'argent que j'avais eu dans ma vie par l'intermédiaire de mon père m'a été complètement enlevé avec sa mort. Je me tenais là, n'ayant accès à aucune somme d'argent, à aucun compte bancaire, à aucune carte de crédit, à rien. À cette station-service, ce jour-là, je savais que mon père n'était plus là et qu'il n'y avait plus personne sur cette planète sur qui je pouvais compter pour m'aider financièrement.

La seule personne, la seule chose que j'avais, c'était moi - et je devais faire quelque chose de complètement différent. C'est là que j'ai directement fait face aux mensonges de l'argent - tout ce que j'avais cru, la persona que j'avais développée autour de lui, la sécurité qui était soi-disant là grâce à lui - tout cela.

Il avait l'habitude de m'appeler Li-li. "Bien sûr, Li-li, je descends au sous-sol et je vais à l'imprimerie, je t'imprime de l'argent et il sera sur ton compte".

Je ne savais jamais quand il allait arriver. Cela pouvait être deux semaines, un mois, trois mois ou le lendemain, mais je le voyais toujours sur mon compte. C'est comme ça que ça fonctionnait avec lui.

J'étais en état de choc, je regardais derrière moi et je me disais : "Qu'est-ce que cela signifie d'avoir son propre dos avec de l'argent ? Qu'est-ce que ça veut dire d'avoir vraiment, vraiment son propre dos et de se tenir debout dans le monde sans dépendre de personne, sans projeter sur personne, sans tirer sur personne, sans sucer personne, sans se victimiser pour obtenir de l'argent, sans se défendre contre l'autorité, sans même s'aligner sur la tragédie, le traumatisme ou le drame de sa propre histoire ? Parce que, croyez-moi, si vous voulez vous asseoir et parler de l'histoire, j'en ai une."

Je me souviens avoir pensé : "Wow, ça va être la première fois que j'incarne ma réalité financière."

J'étais loin de me douter que le décès de mon père ne me laisserait pas d'autre choix que de voler de mes propres ailes - que ce serait à moi de m'incarner et de savoir ce que l'on ressent, ce que l'on sent et ce que l'on goûte quand on

assure ses propres arrières et que l'on laisse complètement derrière soi l'histoire de la victime, l'histoire du
traumatisme et du drame, l'histoire de la catastrophe.

J'étais loin de me douter que les abus que j'ai subis en
grandissant, les deux décennies et demie à trois décennies d'abus que je me suis infligés et que j'ai subis,
seraient le phare brillant par lequel mes propres
mensonges avec l'argent apparaîtraient et me feraient
sortir de la cage de la destruction, de la mort et de la
pénurie, de dépenser mais de ne pas avoir, et d'obtenir
beaucoup d'argent parce que j'avais toujours gagné
beaucoup d'argent mais que je ne m'étais jamais
permis de le garder.

Tous les autres étaient plus importants.

Les personnes qui étaient en relation avec moi se sont
bien débrouillées. Crois-moi, ils demandent toujours.
J'ai dit non à quelqu'un récemment pour la première
fois depuis longtemps. J'ai dit : "Non, je viens de te
donner de l'argent. Rendez-moi cet argent par le biais
d'un plan de paiement, et nous en reparlerons." C'est
mon côté new-yorkais qui ressort. Mais c'est ce qu'on
ressent quand on assure ses propres arrières et qu'on
dit oui quand c'est vraiment un oui et non quand c'est
un non.

6

L'ASCENSION DU MOI

La mort de mon père a catapulté mon entreprise, mon être, mon corps et le travail que j'allais faire dans le monde pour me réveiller financièrement, et j'étais loin de me douter que cela allait me libérer en vivant ma réalité financière pour la première fois.

Ce qui s'est développé, c'est ce que j'appelle maintenant la cage de l'abus, l'altivité radicale, et le pont qui te permet d'accéder facilement à cette altivité.

La cage de la maltraitance est ce que j'appelle les "4 D" : Nier, défendre, dissocier, déconnecter.

Dans l'histoire que je t'ai racontée, vois-tu tout le déni dans lequel je vivais par rapport à ce que mon père m'avait si naturellement donné ? La défense contre le fait d'être et d'avoir mon propre dos, la dissociation de me permettre d'avoir l'argent pour moi comme je l'ai mérité et créé.

À l'époque, j'étais la personne avec qui tu voulais sortir. Je mettais quelques centaines de dollars sur la table, et quand nous avions fini cet argent, je mettais ma carte de crédit sur la table. Mes amis et moi passions un

moment parfait tous les jeudis, vendredis, samedis et dimanches soir. Je me sentais si généreux, comme mon père.

Tout cela a conduit à cette cage d'abus autour de l'argent, où il était si limitatif et si contraignant que je pouvais travailler dur, gagner beaucoup d'argent - mais je ne pouvais jamais le garder.

Je l'avais pendant un petit moment. C'était un peu comme le syndrome de la frénésie et de la purge. J'en prenais beaucoup, puis je me disais : "La-la-la-la-la-la" suivi de "D'accord, maintenant je dois recommencer".

Festin ou famine.

J'avais gagné ma vie et ne dépendais pas entièrement de mon père, mais je n'avais aucun soutien lorsqu'il s'agissait de mon argent. Je n'avais aucun sens de l'épargne ou de la conservation de l'argent dans ma poche.

En passant à l'autonomie radicale, je me suis réveillée dans une station-service. Incapable de payer quoi que ce soit, j'ai pensé : "Oh, je dois choisir pour moi. Je dois m'engager envers moi et ma réalité financière."

Quelque part, j'avais entendu "Demandez et vous recevrez". Donc, d'après ce que j'en pense, l'Univers conspire pour me bénir. Cela fait partie des "4 C" : Engage-toi envers moi, Choisis pour moi, l'Univers conspire à me bénir et veut collaborer avec moi, puis Crée.

C'est ce que j'appelle l'autonomie radicale, et tu passes

de la cage à l'autonomie radicale par le biais des "4 E" - pour te faciliter la tâche - Embrasser, Examiner, Incorporer et Étendre.

Embrasse tout ce qui se passe, examine avec la ténacité de la conscience et de la

vérité. Souviens-toi que tu ne peux t'emmener que jusqu'où tu peux te laisser aller et voir, et que tu ne peux emmener quelqu'un d'autre que si tu travailles avec d'autres personnes aussi loin que tu es allé. Ils ne peuvent pas aller plus loin que toi si tu ne l'as pas fait.

Je suis reconnaissante pour tous les mensonges d'argent qui sont arrivés dans la famille alcoolique de mon père, très pauvre, vivant à Brooklyn et manquant d'éducation, et pour ceux qui m'ont été donnés lors de son décès.

Je ne le savais pas jusqu'alors à cause de ce qu'il était. Il disait : "Je n'ai jamais rien eu, vous avez tout, je veux vous voir l'utiliser et être heureux de mon vivant." Et c'est exactement ce qu'il a fait.

7

CROYANCE ET RÉALITÉ

Sais-tu que tes croyances créent aussi ton corps et la forme qu'il prend ? Et sais-tu que tes croyances créent aussi ta réalité financière ?

Ou bien te sens-tu tout simplement bloqué, comme un écran d'ordinateur qui se met en mémoire tampon ? En fait, lorsque nous nous sentons bloqués, ce sont nos points de vue qui sont bloqués. Tu as peut-être fait des mouvements et des changements latéraux, mais tu n'es jamais allé au-delà de cette constriction et de cette limitation.

Tu t'améliores - mais jamais au-delà.

Et c'est ce qu'on appelle survivre et prospérer, mais jamais vivre radicalement. Alors, comment sortir de cette situation ?

Une fois de plus, un changement d'un degré est tout ce que nous recherchons.

Et lorsque vous pensez en ce moment et percevez tous les jugements, les décisions, les conclusions, les calculs, les configurations, les séparations, les guerres, les traumatismes, les drames, les catastrophes dans le monde entier en ce moment en ce qui concerne l'argent, un changement d'un degré sur cette planète est énorme. Il a la capacité de faire basculer le monde sur son axe.

Alors, combien d'entre vous croient qu'il faut travailler dur pour gagner son argent ? Combien d'entre vous croient qu'il n'y a pas de mensonge, que c'est la vérité absolue ?

Maintenant, réfléchis à ceci : Combien de tes corps croient vraiment qu'il n'y a pas de mensonge, que c'est une réalité incontestable ? Alors que ton esprit peut reconnaître que gagner de l'argent ne nécessite pas toujours un travail pénible, ton corps n'est peut-être pas sur la même longueur d'onde.

Crois-tu que la notion de travailler dur pour gagner de l'argent est uniquement une construction mentale, sans rapport avec ton corps ? Lorsque ton esprit et ton corps ont des croyances contradictoires, cela crée une réalité conflictuelle.

Permets-moi de te poser quelques questions. Pendant que je te pose des questions, fais attention à ce qui se passe dans ton corps. Si tu te sens léger, expansif et que tu ressens une énergie fraîche, c'est une indication de vérité.

À l'inverse, si tu ressens de la densité, de la constriction, ou si tes pensées dérivent vers des projets d'après-séance et un désir de partir rapidement, il se peut que tu découvres ce que tu perçois comme une vérité mais qui est, en fait, un mensonge. Une constriction dense signifie un mensonge, alors qu'une expansion, une énergie pétillante et une ambiance fraîche indiquent la vérité.

Alors, en vérité, reconnais-tu avoir une réalité conflictuelle au sujet de l'argent ? Cette réalité contradictoire est le mensonge auquel tu adhères, et le fait de se conformer à un mensonge perpétue son existence.

Combien d'entre vous ont vécu des conflits concernant l'argent dans leurs relations avec leurs partenaires ? C'est précisément ce que j'entends par réalité conflictuelle. L'adhésion de ton corps aux mensonges façonne tes réalités conflictuelles, établissant une réalité vibratoire qui te confine, créant une cage auto-imposée autour de l'argent. Cette construction, souvent confondue avec la création, est une destruction et n'a rien à voir avec le fait de choisir pour toi, de t'engager envers toi-même ou de collaborer avec l'Univers pour qu'il conspire en ta faveur.

Maintenant, réfléchis à ceci : La croyance que ton argent circule dépend-elle de ta bonté ou de ta méchanceté, ou de ton niveau d'effort, léger ou lourd à l'intérieur de toi ? Remarque la discorde interne, la vacillation, le déni, les mécanismes de défense, la dissociation et la déconnexion. Réalise qu'il n'y a pas de place pour le choix dans ce cadre, ce qui crée l'illusion d'un univers sans choix.

Cependant, laisse-moi t'assurer que ce n'est jamais aussi limité qu'il n'y paraît. Tes croyances et tes points de vue uniques sur la valeur, la bonté, la méchanceté, le travail acharné ou l'absence de travail ne te sont pas intrinsèques. Tu as accumulé ces constructions dans cette réalité, tu t'es transformé et tu as déclaré : "C'est moi".

Bienvenue dans ta réalité financière. Je l'ai fait aussi.

8

UNE RÉALITÉ FINANCIÈREMENT ABUSIVE

En toute honnêteté, même au milieu des abus - les viols que j'ai subis et ceux que j'ai vécus - rien n'est aussi effrayant que de voir zéro sur son compte en banque. Il n'y a personne vers qui se tourner ; quand la chaussure tombe enfin, qui sera là pour vous ? C'est un endroit intrinsèquement effrayant.

Je crois qu'il s'agit d'une véritable épidémie de notre réalité. Nos jugements, nos perspectives et les réalités financières, psychologiques et psychiques que nous adoptons nous rendent malades, malheureux et nous poussent à choisir nos relations - moi y compris. C'est comme si nous continuions à verser des choses, à faire des dépôts sans fin, sans jamais progresser parce que nous sommes constamment obligés de poinçonner ce billet.

Alors, qui est le véritable coupable, la réalité ou nous ?

Tout cela n'est qu'une perpétuation d'une certaine façon, à moins que nous ne fassions ce changement d'un degré pour sortir de ces mensonges. Alors, de quels mensonges est-ce que je parle ?

La première est que l'argent est la preuve que tu as raison ou que tu as tort. Combien d'entre vous croient que vous seriez simplement heureux si vous aviez de l'argent ? Tu pourrais certainement croire que tu serais plus heureux si tu avais de l'argent parce que l'argent te donne plus de choix, n'est-ce pas ?

Mais la vérité est tout autre. L'un des mensonges de l'argent que j'espère te faire comprendre, c'est que ce que tu penses n'est pas ce que tu projettes à l'extérieur. Ce que tu ressens et que tu as incarné en tant que conteneur de stockage de la merde - que tu appelles création - est ce qui crée ton argent et ta situation financière, à l'opposé de ce que tu sais.

Je sais que vous êtes tous brillants. Je sais que vous avez fait beaucoup de travail personnel. Je sais que vous lisez des choses. Et je sais que vous êtes intelligents - vous vivez ici. Je comprends. Moi aussi, j'ai vécu ici.

Et nous nous sommes tous accrochés à des mensonges comme les suivants :

Je dois prouver que je vaux quelque chose et je peux le faire avec de l'argent.

Je ne suis aimable que lorsque j'ai de l'argent.

Je ne suis aimable que si je donne à quelqu'un d'autre. Personne ne m'aimera jamais pour moi.

Je ne pourrai jamais me permettre ou être indépendante financièrement. J'aurai toujours besoin de quelqu'un d'autre.

Une famille à deux revenus est meilleure qu'une famille à un seul revenu.

Ce sont tous des mensonges que ton corps incarne et reflète dans ta réalité. Alors que ton esprit regarde tout ce que je dis ici et dit non, ton corps dit oui. Ton esprit dit "non" et ton corps dit "oui". Ton esprit dit "j'avais l'habitude", ton corps dit "je l'ai toujours".

Une façon de savoir si tu as cette réalité conflictuelle est de te poser quelques questions. Imagine que ton argent décide de te parler, que te dirait-il ? Réfléchis-y. Lorsque j'ai posé cette question dans mon atelier, les gens ont répondu par ,

"Tu penses que je ne suis pas assez bien".

"C'est quoi ce bordel ?"

"Tu n'as pas à t'inquiéter pour moi".

"Tu ne m'as jamais laissé entrer".

"Tu dois me nourrir".

Mais quelles sont ces réponses ? Ne sommes-nous pas censés avoir une relation saine avec l'argent ?

Mais si tu reçois des réponses similaires de la part de ton argent, alors tu sais que tu t'es trompé. Tu as été un mauvais partenaire.

Alors, à quel point es-tu dans l'erreur ? Un peu faux, un méga faux, ou un mégaton moka tapioca pudding avec une noix sur le dessus ?

Combien d'entre vous croient, dans une certaine mesure, à leur méchanceté ? En outre, combien de vos corps incarnent ce sentiment d'injustice, simplement parce que votre esprit en est convaincu ? N'oublie pas que ton corps est incroyablement intelligent et qu'il sert d'organe sensoriel pour percevoir, connaître, être et recevoir, des capacités que beaucoup d'entre nous n'incarnent que rarement.

Considérez cette perspective comme un "au-delà" - une prise de conscience qu'elle a exprimée : "Je ne suis même pas censée être ici, c'est à ce point que je suis dans l'erreur." Mais sous cette surface, nous cherchons encore, nous n'avons pas encore atteint le cœur. La réalité somnambulique de l'anesthésie, de l'engourdissement, de la dissociation et de l'enfermement dans une cage est encore bien présente. Cependant, si nous parvenons à atteindre ce point, nous pouvons l'extraire.

Pourtant, cela exige un choix de vie, un choix d'embrasser ta propre réalité financière, quelle que soit ton histoire. Peu importe ton ascendance, ta santé, tes tragédies, tes traumatismes ou tes expériences passées, rien ne peut te dépouiller de ton être intrinsèque. Aucun mensonge ne peut le faire.

Lorsque nous adhérons à ces fausses idées sur nous-mêmes et que nous façonnons notre vie en conséquence, imprégnés d'un sentiment d'injustice, nous le projetons inévitablement sur les autres. C'est comme si nous voyions le monde à travers des lunettes colorées par le jugement, un concept que j'ai exploré dans une émission de Voice America intitulée "Seeing Through Abuse Colored Glasses" (Voir à travers des lunettes colorées par l'abus).

Où te juges-tu par rapport à l'argent, perpétuant une réalité financière qui n'a rien à voir avec l'essence de ton être ? Qu'elles soient liées à tes ancêtres, à tes parents, à ton histoire personnelle ou aux mésaventures de ton enfance, nous avons tendance à nous accrocher à ces histoires et à nous modeler à leur image.

Je vous mets au défi de vous libérer de ce cycle et de devenir la personne qui peut amasser des richesses. Vous, les individus présents ici, avez le pouvoir de changer cette réalité si vous vous permettez de la posséder - et je m'inclus dans cette affirmation. Je ne me suis jamais permis d'avoir ce que je vis maintenant.

Pourtant, le fait d'avoir est devenu pour moi l'incarnation la plus profonde de la guérison. C'est difficile à exprimer, mais avoir - être moi, être toi, s'engager envers soi-même, collaborer avec soi-même, se choisir et créer à partir de cet espace - c'est la vérité.

9

L'ARGENT CRÉE, LE JUGEMENT DÉTRUIT

Lorsque mon père s'est lancé dans les successions et les saisies à New York, mon travail consistait à m'asseoir au sous-sol avec lui, là où il avait son bureau. Il avait 16 appartements, des maisons qu'il avait achetées, des unités multifamiliales, en retournant des maisons.

Nous percevions le loyer et il y avait des piles d'argent. Nous utilisions les vieilles calculatrices et les tablettes vertes avant d'avoir un ordinateur. Je m'asseyais là et je mettais l'argent dans ma bouche. Je le sentais et c'était un peu sale, mais j'adorais ça.

Puis j'ai trouvé un emploi à la banque, et tous les vendredis, tous les avocats venaient et ils empilaient et empilaient et empilaient des billets de 100 dollars frais et craquants, c'est pourquoi j'aime les billets de 100

67

dollars. Je me suis dit : "Oui, venez à mon poste de guichetier. Je veux compter vos billets de 100 dollars."

J'avais cet engouement et cette histoire d'amour avec une réalité financière qui me rendait heureuse. J'aimais compter l'argent et j'aimais l'organiser. En fait, je regardais dans tous les portefeuilles de mes amis pour m'assurer qu'ils organisaient leur argent : un, cinq, dix, vingt, cinquante, cent.

Je connais des gens qui se contenteraient de l'avoir en boules. Je ne peux pas le supporter. Je leur dirais : "Que faites-vous de votre argent, traitez-le mieux, aimez-le et il viendra à vous ?".

Je suis un peu obsessionnelle, je suppose, mais cela signifiait quelque chose pour moi. Il y avait juste cette danse de molécule heureuse avec l'argent pour moi. J'aimais m'asseoir dans le coffre-fort de la banque et j'aimais quand les Brinks venaient. Chaque fois qu'ils se promenaient en voiture, je me disais : "Oui ! À quelle banque vont-ils ?" J'étais juste obsédée. Je ne sais pas ce que vous faisiez quand vous étiez enfant, mais je suivais l'argent.

L'argent vient à la fête du bonheur.

Il ne vient pas à la fête de la dépression, de la constriction et de la joie.

Et crois-moi, lorsqu'il y a des années, j'ai été atteint d'une maladie mortelle et que l'endocrinologue m'a dit : "Tuez-le, prenez des médicaments pour le reste de votre vie ou faites-moi enlever votre organe", j'ai dit : "Il doit y avoir un autre choix."

"Il n'y en a pas."

Tu te souviens que je t'ai parlé de l'histoire de la boîte - qu'on ne peut pas me mettre dans une boîte ? Ne me dis pas qu'il n'y a pas d'autre choix parce que je le trouverai.

Puis j'ai atterri dans un institut appelé Theta Healing® et j'y ai passé trois mois. En 3 mois, j'ai obtenu ma maîtrise en Theta Healing® et, en 3 semaines, je n'avais plus la maladie.

Il m'a dit qu'il ne pouvait rien faire d'autre que des médicaments, une opération chirurgicale pour l'enlever, ou tout ce qu'il m'a dit - et j'ai tout guéri énergétiquement.

J'ai utilisé chaque centime que j'avais à l'époque pour faire de la guérison holistique pour moi-même. J'ai laissé tomber ma maison, laissé tomber ma retraite, laissé tomber n'importe quoi pour ce choix. Je savais que je m'en sortirais à nouveau. Il m'en a coûté environ un million de dollars pour me soigner de façon naturopathique. Pas une once de produits pharmaceutiques, et pas d'assurance. Eh bien, j'avais une assurance, je l'ai payée pendant des décennies, mais le moment venu, rien ne m'a aidé à cause de mon choix d'opter pour la naturopathie.

Heureusement, j'avais une assurance invalidité que ma tante avait mise en place, et c'est ainsi que je suis allée à l'Institut Theta Healing® et que j'ai obtenu mon Master of Science en Theta Healing®. Certaines personnes me diraient : "Oh, mon Dieu, tu devrais garder cet argent parce que tu as tellement de dettes." Je me suis dit : "Cela va me guérir, et cela va être tout. Je vais utiliser cet argent pour cela."

Utilise ton argent pour créer, pas pour détruire. Le jugement détruit.

Je pensais qu'après l'Institut Theta Healing®, j'en aurais fini, mais lorsque j'ai atterri à Bali il y a quelques années, je ne savais pas qu'un autre niveau de "je pense que j'en ai fini avec la vie" allait se présenter à moi. J'allais à Bali pour poursuivre ma guérison.

J'avais tourné le dos à beaucoup de choses, et je sentais aussi que les choses m'avaient tourné le dos très clairement. Quand j'ai atterri là-bas, j'étais à nouveau dans ce genre de découragement par rapport à beaucoup de choses, et pas seulement par rapport à l'argent. "À quoi ça sert, quel est le but de ceci, de cela, de ceci et de cela ?".

J'étais là, allongée sur l'une des tables de la cabane du guérisseur, comme dans le livre *Mange, prie, aime.* Une personne spéciale est venue travailler sur mon corps, et elle a littéralement retiré ces mensonges que j'incarnais dans mon corps. J'ai fait une émission de radio à ce sujet sur Voice America, intitulée *The Shards of Abuse.* Il a retiré ces mensonges de mon corps et mon esprit s'est dit : "De quoi parlez-vous ? Je ne vois pas d'énergie, je ne vois rien de tel, de quoi parlez-vous ?"

Puis il me l'a tendu. C'était un tesson.

Cela m'a pris environ 8 heures. C'était tout ce que je portais sur le monde, et c'est ainsi que je connais tous ces mensonges de l'argent. Au cours de cette séance de huit heures, j'ai été très proche de ce guérisseur qui extrayait des choses de mon corps.

Et puis, finalement, une fois que je l'ai senti, mon sens psychique s'est ouvert encore plus et j'ai pu voir les énergies, j'ai pu voir les systèmes de croyance. J'ai vu les mots et les gens. J'ai vu les images et mon enfance. J'ai vu beaucoup de choses. "Pas étonnant que je veuille mourir, j'ai compris. Quelle meilleure façon de partir qu'à Bali ? C'est facile."

Eh bien, il s'est passé autre chose ou j'ai choisi autre chose.

À ce moment-là, j'ai dit : "J'ai encore des choses à vivre parce que ce qui sort de mon corps n'est que mensonges. Et il est hors de question que je meure de mensonges. Je veux vivre et je vais vivre en grand et je vais rugir !"

C'est ce que j'ai décidé de faire, et j'ai changé le nom de mon entreprise en Live Your ROAR® - Live Your Radically, Orgasmically Alive Reality au lieu de The Beyond Abuse Revolution et The Beyond Abuse Movement.

Je me suis dit : " J'ai survécu à tout ça. Et si je pouvais survivre à des éclats sortant de mon corps et à un vieux grand-père prenant un couteau et le plantant dans ma poitrine en disant : 'Désolé, désolé, ça va juste faire un peu mal, désolé, désolé, ça va juste faire un peu mal, désolé, désolé, ça va juste faire un peu mal, alors'" - Ça a fait mal, mais ces mensonges ont fait encore plus mal.

Cette densité que tu ressens dans ton corps, c'est un mensonge, ce n'est pas toi.

Combien de mensonges projettes-tu sur tes flux d'argent ?

Parce que c'est ce que j'ai appris à Bali.

J'ai eu un problème de réception. Un refus de réception.

Je l'ai boycotté.

Tu es en train de rire parce que je sais que tu l'as fait aussi.

J'en suis littéralement arrivée à ce point où j'avais assez souffert et j'étais assez morte, et j'ai alors choisi de tout avoir, quoi qu'il arrive. Peu importe ce que je devais perdre, peu importe qui je devais perdre, peu importe où je devais aller, peu importe ce que je devais faire, les livres allaient sortir, l'émission de radio allait devenir virale.

De 30 000 auditeurs, j'en ai maintenant 205 000. Le premier livre va être publié, puis nous travaillerons sur les autres. Et, et, et, et, et, et, et complètement - même, depuis hier, virer toute l'équipe avec laquelle je travaillais - 12 personnes - en leur donnant un préavis de 30 jours et en repartant à zéro.

Quand je dis que je l'ai, je l'ai.

Fais le gros dos ou rentre chez toi, c'est ce qui s'est passé à Bali.

Je vivais un peu de cela avant, mais quand tes yeux sont ouverts, que tu vois tous les mensonges et que tu fais ce choix, la providence bouge aussi. Qu'est-ce que j'ai fait ? Je me suis choisi, je me suis engagé, j'ai collaboré avec l'Univers qui conspirait pour me bénir et j'ai créé.

Aucune personne n'est responsable de quoi que ce soit. Pas un seul chagrin d'amour ou qui que ce soit avec qui j'étais, n'avait à voir avec autre chose que ce que j'avais choisi. Pas un problème, pas un viol, pas un abus, pas une difficulté de client, pas une situation de droit, pas une situation familiale, ça n'avait pas d'importance.

Peu importe qui j'ai perdu ou ce que j'ai perdu ; je n'allais plus me perdre. J'allais me choisir. Et plus rien n'allait être comme ça à l'avenir. Rien n'allait porter une projection, une séparation, une attente, un ressentiment, un rejet, un regret. Mon corps n'allait plus souffrir, mon esprit n'allait plus suivre le même chemin qu'avant.

Tout ce que j'ai choisi de manger après ce moment était différent. Tout ce que j'ai choisi de boire était différent. Tout ce que j'ai mis dans mon corps était différent. Toutes les personnes avec qui j'ai partagé mon corps étaient différentes. Sérieusement, tout était différent.

· · ·

Il y a un certain aliment qui a toujours été ma position de repli et que j'adorais : la pizza. En Californie, tu peux trouver des pizzas sans gluten, mais c'est difficile d'en trouver au Texas. Par contre, tu peux trouver de la pizza sans gluten ici, chez Good Earth. Ils ont la meilleure pizza aux champignons sans gluten, mais quand je l'ai vue aujourd'hui, mon corps s'est dit : "Des légumes verts".

Il s'agit plutôt d'une vibration, et lorsque tu ne perçois plus les mensonges et que tu n'y adhères plus, la vibration change évidemment. Et ensuite, ce que tu attires, crées, institues et génères change et s'actualise en fonction de cette vibration.

10

PRENDS LE CONTRÔLE

Combien d'entre vous évitent les flux d'argent qu'ils pourraient avoir en refusant d'être jugés dans cette réalité ? Imagine combien d'argent supplémentaire pourrait venir à toi si tu étais ouvert à être jugé par tout et tout le monde sans laisser cela t'affecter. L'idée est que lorsque tu essaies activement de te protéger du jugement, tu pourrais devenir par inadvertance une cible pour les critiques, ce qui entraverait le flux d'argent dans ta vie.

Tant que tu resteras malade et déprimé, tu seras la cible de jugements. Tant que tu restes victime, que tu ne choisis pas ta réalité, tu restes une cible de jugement. Si tu pointes du doigt l'autre côté de la médaille, tu es une cible de jugement.

Quand tu commenceras à pointer du doigt, tu ferais mieux de croire qu'ils seront des millions à venir te tuer.

J'ai eu une expérience dans un cours récemment où mes flyers étaient sur une table, et quand je suis revenue à la pause suivante, tous mes flyers et tout ce qui concernait mes ateliers avaient disparu, complètement disparu, volontairement.

À l'époque, j'ai cru qu'il y avait quelque chose qui n'allait pas chez moi, que j'avais fait quelque chose qui avait poussé quelqu'un à faire ça - que *je faisais* ça. Et puis, quand je suis sorti de cette situation, je me suis dit : "Wow, ce que je suis est une offense jugeable pour cette personne, pour la réalité de ces gens."

J'ai réalisé que le plus grand mensonge dans lequel j'ai vécu est que j'ai créé certaines de ces choses.

Parfois, je dois me rendre compte que ce que je crée crée en fait plus pour d'autres personnes, et ce n'est pas une erreur de ma part. C'est une capacité que j'ai appris à exploiter. Je ne l'aurais pas deviné parce que cela ne se manifeste jamais de la façon dont tu le penses.

Voici une question sur laquelle je vais te laisser :

Chaque fois que tu te retrouves dans une constriction d'argent, la cage, demande-toi : "Qu'est-ce que cela crée, ou qu'est-ce que cela va créer ?".

Laisse-toi aller à cette perception.

Si c'est lourd, change immédiatement. Si c'est léger, fonce et réalise que, quoi que tu choisisses, il y a toujours un autre choix 10 secondes plus tard.

Rien ne t'empêche d'avoir l'argent que tu veux et dont tu as besoin pour vivre la vie de tes rêves.

Parfois, les personnes spirituelles choisissent de ne pas avoir d'argent. Mais aucun Dieu que je connaisse ne voudrait que nous n'ayons pas tout, parce que nous sommes les gens, vous êtes les gens, et les gens vous attendent dehors qui pourraient vraiment changer cette réalité en ayant de l'argent.

Tu pourrais le dépenser de façon à changer consciemment cette réalité. Les gens ont besoin d'entendre ta voix, quel que soit ton parcours, quoi que tu fasses, et cette réalité fonctionne avec de l'argent. C'est comme ça.

Tu peux choisir le point de vue et la réalité que tu veux créer avec le fonctionnement de cette réalité - et non pas éradiquer, mourir, t'éloigner, ne pas adhérer, ou te maintenir dans la souffrance. Radicalement, orgasmiquement, la réalité vivante devient ton allié radical, ton allié orgasmique.

Crée une réalité vivante avec de l'argent - je te mets au défi.

Sois toi-même, au-delà de tout et crée de la magie.

11

L'ÉNERGIE DE L'ARGENT

L'une de mes façons préférées de discuter de la tromperie est d'injecter beaucoup de rire dans la conversation. Je voyage dans le monde entier, aidant les individus à traverser les traumatismes et à créer après les abus. Pour ce faire, il faut faire preuve d'une certaine légèreté et d'un sens de l'amusement car, sans cela, le processus pourrait ressembler à une pilule amère à avaler.

Pour commencer ce chapitre, j'aimerais te demander si tu serais prêt à te permettre d'avoir un pour cent de plus d'argent ou de liquidités que tu n'en as jamais eu auparavant. Maintenant, réfléchis : Qu'est-ce que cela te coûte de ne pas faire ce choix ? (Des sacs à vomi sont disponibles à l'arrière.)

Personnellement, j'ai récemment été confronté à une décision cruciale concernant mon entreprise et la perspective d'engager une nouvelle société de marketing. Il s'agissait de choisir entre ce qu'il ne fallait pas faire et ce que je voulais vraiment faire. Opter pour ce dernier choix signifiait laisser partir un nombre important de personnes dans mon entreprise, mais j'étais déchirée parce que j'aimais ces personnes et que j'avais investi beaucoup d'efforts dans leur travail.

Prends un moment pour te refléter dans le miroir : Où t'es-tu trouvé dans une situation similaire ?

Cela se résume souvent à un manque d'argent ou de liquidités. Ensuite, les justifications s'accumulent : "Je ne suis pas assez bon. Je ne le mérite pas. Je pourrais blesser quelqu'un." Nous construisons ces récits, ces mensonges.

Mais si nous options pour le choix qui mène à tout ce que nous désirons, celui qui semble plus léger et plus vrai, par opposition au mensonge, qui est plus lourd et plus dense ?

Pourquoi, dans cette réalité, gravitons-nous vers le mensonge, la densité et la lourdeur ? Nous créons ces faussetés et leur donnons vie, pour ensuite nous demander pourquoi nous ressentons parfois le besoin de nous isoler ou d'entretenir du ressentiment envers les autres.

Parlant d'expérience personnelle, j'ai écrit ma thèse sur un concept appelé "empreinte de l'âme". L'empreinte de notre âme s'apparente à notre empreinte digitale - une marque unique que chacun d'entre nous possède. Nous sommes tous porteurs d'une essence distincte que nous sommes venus imprimer sur le tissu de la réalité.

Ce que tu fais est ta contribution unique. Que tu sois avocat, infirmier, animateur, acupuncteur, artiste audiovisuel, massothérapeute, parent, investisseur, enseignant ou policier, c'est ton empreinte. Chacun d'entre vous possède quelque chose d'unique qui lui vient sans effort, quelque chose qu'il aime. Pourtant, pour diverses raisons, il se peut que tu la mettes de côté et que tu suives une autre voie.

Embrasser ton empreinte d'âme, te permettre de l'incarner pleinement, ouvre la porte à la facilité, à l'argent, à la joie, à l'épanouissement, à la santé, à la richesse, et à une vie pleine de plaisir et de possibilités. Entrer dans ton moi authentique peut débloquer la probabilité d'une existence plus épanouie et plus prospère.

Abordons le sujet de la réception, en particulier de l'énergie qu'est l'argent. J'ai grandi dans un foyer violent et abusif, où j'ai été poussée à modeler de la pornographie infantile à un jeune âge. Cette expérience m'a permis de comprendre les abus monétaires et la frustration de travailler dur sans en récolter les fruits financiers. Je comprends ce que l'on ressent lorsqu'on nourrit du ressentiment à l'égard de l'argent et que l'on se méfie de ceux qui nous entourent, y compris les membres de la famille, les institutions et les organisations. Se lever, s'habiller, prendre des photos, sourire - et ne pas recevoir la compensation due, mais quelque chose de complètement différent, sombre et caché dans les coulisses.

Maintenant, réfléchis à cette question : Qui es-tu par rapport à l'argent, à l'argent liquide ?

Ce que j'ai découvert à propos des mensonges que nous nous racontons concernant l'argent, c'est qu'ils s'articulent autour de deux grands mensonges : *qui nous sommes avec l'argent et ce que nous sommes avec l'argent*. L'énergie que nous dégageons joue un rôle important, et c'est dans cette énergie que nous créons une certaine réalité. Il s'agit de reconnaître le "qui" et le "quoi".

Réfléchis à ceci : Si tu es un "qui" et un "quoi", qu'est-ce que tu n'es pas ? Toi-même. Pourtant, il se peut que tu considères à tort cet état comme vrai.

L'énergie présente en ce moment est une représentation des mensonges que nous incarnons. Je m'adresse aux mensonges, à la fois reconnus et cachés, vus et invisibles. Certains d'entre vous ne sont peut-être pas tout à fait conscients du "quoi" et du "qui", mais découvrir sur qui vous vous êtes appuyés pour créer vos flux d'argent pourrait d'abord provoquer de la frustration, avant d'être suivi d'une profonde gratitude.

12

QUI, QUOI ET LES JUGEMENTS

Explorons maintenant le troisième mensonge : les jugements que tu refuses de recevoir entravent ta prospérité financière. Il pourrait être tentant d'écarter cette idée comme étant écrasante, en se penchant sur le "qui", le "quoi" et les jugements. Cependant, si je devais résumer le mensonge de l'argent, je dirais qu'il se compose d'un "qui", d'un "quoi" et d'un jugement.

Ta valeur personnelle n'est pas liée à ta valeur nette.

J'ai constaté à maintes reprises dans mes ateliers qu'il nous appartient de reconnaître les mensonges que nous choisissons de croire et d'actualiser. Et il faut débloquer ces mensonges, si tu veux, pour débloquer tout cela afin de voir ce qui est vrai.

Il y a tellement de mensonges que les gens ne veulent

pas perdre pour pouvoir choisir. Vous le savez tous, mais je vous le dis quand même.

L'ironie, c'est qu'en tant qu'êtres infinis, l'argent et la monnaie nous offrent la liberté, le choix et la possibilité. Alors pourquoi, malgré cette prise de conscience, nous soumettons-nous systématiquement au stress, aux conflits et au manque, nous obligeant à choisir entre des nécessités telles que les vacances et la retraite ? Logiquement, cela n'a guère de sens.

Maintenant, explorons ces mensonges : Qui es-tu avec l'argent ? Que fais-tu avec l'argent ? Nous aborderons les jugements séparément. Comprends que ta réalité financière est façonnée par le "qui", le "quoi" et les jugements que tu refuses de reconnaître. Es-tu prêt à changer cela, ne serait-ce que d'un degré supplémentaire ?

Un seul degré.

Allons voir le qui. Débarrassons-nous de ces mensonges.

Tu ne savais pas que tu allais dans une clinique d'amaigrissement, n'est-ce pas ? Au lieu de rentrer dans mon ventre, il va sortir de mon ventre.

Je vais trouver de meilleures blagues. D'abord, je vais devoir m'éventer avec mes billets de cent dollars. Rions de la fugue dissociative de nos flux d'argent que nous avons créée.

Par exemple, je me souviens de mon père. Il avait l'habitude de prendre une pile de billets de 100 dollars, une vingtaine, et de la poser sur le comptoir près de la porte latérale de la maison de mon enfance pour ma mère. Il faisait cela chaque semaine, le lundi, avant de passer la porte.

Quand j'étais enfant, je me disais : "Bon sang, oui".

Et puis, il y avait ma mère... roulement de tambour, s'il vous plaît... qui était tellement en colère contre lui, tellement en colère. Ça avait l'air sympa - 2 000 dollars. Il la laissait juste pour se tirer de là le plus vite possible, la nourrir avec de l'argent. Elle prenait cet argent et nous faisait acheter des choses. Est-ce qu'on les demandait ? Est-ce qu'on les voulait ?

Je ne l'ai pas fait, parce que l'une de ces choses était 8 ou 10 de ces stupides et effrayantes poupées Cabbage Patch. Elles avaient des papiers d'adoption ou quelque chose comme ça. C'était la grande mode au début des années 1980. Elle les mettait sur l'étagère du haut de ma chambre et j'entrais dans ma chambre en me disant : "Oh mon Dieu ! Qu'est-ce que c'est ?" Parce qu'on en avait besoin.

Ensuite, des baskets et des vêtements pour moi, mes frères et sœurs - juste tout - et puis il n'y avait plus rien. Nous participions à toutes sortes d'activités. Encore une fois, on ne nous a jamais demandé, on nous a forcés à participer.

Le cheerleading, je l'ai détesté. Je me souviens encore des encouragements. "S-U-C-C-E-S-S. C'est ainsi que nous épelons le succès", quelle que soit l'équipe. Je détestais chaque minute de cette activité, tout comme je détestais me lever et faire du mannequinat.

Pour moi, l'argent avait plusieurs significations différentes. Il était synonyme d'abus. Cela signifiait du ressentiment. Cela signifiait sortir. Cela signifiait s'échapper. Il signifiait "FU". Ça voulait dire "Je t'aurai". Plus elle dépensait l'argent, plus il devait donner l'argent, et plus il devait partir et travailler pour l'argent. Et plus il partait et allait travailler pour l'argent - eh bien, il s'avère qu'il a créé une autre famille qu'il a soutenue, ce que nous n'avons découvert que bien des années plus tard. C'est ce qu'il faisait.

Peut-être que je le ferais aussi, compte tenu de ce qui se passait là-bas.

Elle est devenue de plus en plus rancunière, de plus en plus en colère, de plus en plus chère, et tout ce ressentiment a grandi entre eux deux.

Ensuite, ils se diront l'un à l'autre "je t'aime".

Je suis là, un petit enfant qui les regarde. C'est toujours sur le "qui", d'ailleurs - le premier mensonge de l'argent. Il y en a beaucoup.

Alors, ils viennent et disent : "Oh, je t'aime". "Je t'aime aussi."

Et je les regarde en me disant : "Il y a quelque chose qui se passe là qui est un mensonge, parce qu'en dessous il y a le ventre de la mort et de la destruction et des pics à glace et des fusils et des machettes et des faucilles et, et, et de la Troisième Guerre mondiale."

Je devais choisir ce que j'allais devenir.

Comment choisir, en tant qu'enfant, entre ton père et ta mère ?

J'ai choisi le pire d'entre eux et le meilleur comme on le fait à 3, 4, 5, 10, 15 ou 20 ans.

Surtout, je la détestais, elle et tout ce qui avait trait à l'argent, sa façon d'être. Je l'ai blâmée pendant des années. Je l'aimais parce que je m'asseyais au sous-sol avec lui, je travaillais et je m'occupais du loyer de ses immeubles. Il était amusant, elle était méchante. C'est du moins ce que croyait l'enfant en moi.

Il était comptable et avait une maîtrise en commerce et en immobilier. Au début des années 1980, il s'intéressait beaucoup aux immeubles d'habitation et à la vente de biens saisis à New York, dans le New Jersey et dans tout l'État de l'Hudson. Il obtenait des immeubles de 20 appartements pour une bouchée de pain parce qu'ils étaient saisis. Il a gagné des milliards de dollars sans avoir à sortir des milliards de dollars.

Mon travail d'enfant consistait à m'asseoir avec lui dans le sous-sol. Il avait son bureau. J'avais mon bureau. Je me sentais si professionnel. Et j'étais loin d'elle. Sérieusement.

J'ai répondu : "Oui, papa !"

J'apprenais aussi beaucoup d'autres choses. Je comptais l'argent. Te souviens-tu de ces grands livres verts et de ces crayons ? Tu te souviens des crayons avec des gommes ? Ces vieilles machines à additionner et tout le reste ?

Littéralement, c'était en espèces. C'était une entreprise entièrement en liquide. Mon travail consistait à équilibrer tous les loyers, à compter l'argent et à le mettre en ordre. C'est pour cela que je place encore mon argent aujourd'hui. C'est à lui que je l'attribue. Tu peux voir l'amour qu'il y a dedans. Mes centaines restent avec les centaines. Tout est en ordre. Je n'ai pas de problèmes de contrôle. Je n'ai pas de TOC. J'aime juste que mon argent soit ordonné. C'est ce que je faisais quand j'étais enfant.

Des piles et des piles d'argent... Je les ai léchées. Je l'ai aimé.

J'ai aimé son odeur. J'ai aimé son goût.

J'ai même travaillé dans une banque pendant les étés de mes années d'université parce que j'aime l'argent. J'aimais quand les camions de la Brinks passaient. J'entrais avec eux et je jouais avec tous les bijoux et l'argent. C'est lui qui m'a appris ça.

Mais c'est devenu cette polarisation sur l'argent à cause de ce que je pensais de ma mère, que tu entendrais jusqu'à l'année prochaine si je commençais. Elle a été ma meilleure ressource, ma meilleure comédienne dans mon travail d'animatrice. J'ai tellement appris d'elle.

Je devais m'aligner et être d'accord avec lui tout en résistant et en réagissant à elle, et cela a créé tous ces différents mensonges autour de l'argent. Je devais actualiser ce qu'il me disait d'une certaine façon, mais aussi ce qu'elle était pour moi d'une autre façon.

Et lorsque tu actualises une réalité disparate, tu n'obtiens rien d'autre que des catastrophes et des crises.

Maintenant, le "quoi". Qu'est-ce que tu es quand tu es la communauté - ta mère, ton père, le fait de te cacher, de ne pas partager - tout ce dont nous avons parlé.

Qu'est-ce que tu es ? La vérité.

Qu'est-ce que tu fais avec l'argent quand tu vis les "qui" ? Tu vis dans "whoville" qui est "pooville".

Qu'est-ce que tu es ? Tu es les pensées et les sentiments de tous les autres. Et quand cela s'actualise, qu'est-ce que c'est ?

C'est un mensonge. Ce n'est pas vrai.

Ce n'est pas toi.

Mais littéralement, qu'es-tu lorsque tu es dans le mensonge ? Comment cela se manifeste-t-il pour toi ? Qu'est-ce que tu es ?

Fatigués. Constricté. C'est le "quoi".

Tu es donc le "qui" - ton père, ta mère, ta communauté, le monde, n'est-ce pas ?

Et maintenant, tu es le "quoi", qui est l'esclave, le "je ne peux pas, je ne veux pas".

Ce "quoi" est un mensonge. Et le "qui" n'est même pas le vôtre, mais vous l'actualisez et vous le vivez. C'est alors que tu deviens l'esclave. La constriction. Celui qui est malade. Le chronique, le fatigué. Le "Peu importe à quel point j'essaie... j'ai fait tellement de choses... tout aurait déjà dû changer à l'heure qu'il est. J'ai dépensé tellement d'argent."

Tu sais ce qui se passe quand tu crois ? Tu laisses ton corps derrière toi.

Ainsi, tout ce "quoi" - cette énergie de constriction - pour lequel tu risquerais tout et laisserais ton corps derrière toi doit être modifié pour de bon.

Parce que je sais par moi-même que lorsque je choisis pour moi, je m'engage envers moi et je collabore avec l'univers, conspirant pour me bénir. Je crée ; je me soucie de tout le monde, y compris de moi.

Mais je suis encore plus intelligent, et je sais quand quelqu'un me dit quelque chose qu'il veut changer ou qu'il me ment tout simplement.

Si tu choisis d'aider quelqu'un sans sa demande explicite, il y a un risque qu'il développe du ressentiment à ton égard. Et cette rancœur va alors te coller à la peau comme de la glu.

Ainsi, toute leur haine, toute leur projection, toute leur séparation que tu as enfermée dans ton corps, créant le "qui" et le "quoi" comme ta réalité financière doivent être réparées.

13

ESPÈCES OU ARGENT

As-tu déjà pensé à la différence entre ce que l'argent te fait ressentir et ce que l'argent liquide te fait ressentir ? As-tu parfois l'impression que l'un est plus dense que l'autre ?

Tu peux le retourner de la façon qui te convient le mieux, selon ce qui est juste et léger pour toi. Il n'y a rien de figé.

J'ai organisé un atelier - une série de téléconférences - intitulé Perdre le *manque de liquidités*. J'ai passé huit semaines uniquement sur les liquidités, même si je sais que les liquidités sont de l'argent.

Il y a juste quelque chose de distinct, et je n'ai pas vraiment de réponse directe à te donner à ce sujet. Je peux te donner mon point de vue intéressant.

Je sais que j'ai de l'argent à la banque, une retraite et des investissements. Et je sais que j'ai de l'argent liquide. Mais l'argent liquide que j'aimerais avoir se trouverait d'une manière différente de mon argent. J'aime l'avoir dans mon portefeuille, même si tout mon argent ne tiendra pas dans mon portefeuille.

Quand je voyage, ce que je fais souvent dans le monde entier, j'aime avoir de l'argent liquide et beaucoup d'argent liquide. J'aime savoir que, par exemple, lorsque tu es en Inde, que ta carte est volée et que tu ne peux pas retourner aux États-Unis, qu'ils ne savent pas que tu es toi parce que ton téléphone portable ne reçoit pas le code qu'ils doivent t'envoyer pour leur dire que tu es toi, que tu n'as pas d'argent et que tu ne peux aller nulle part avec - c'est une énergie dans laquelle je ne veux pas me trouver.

Et j'y suis entré une fois de trop, tout comme j'ai vu zéro sur mon compte en banque une fois de trop.

Alors, j'aime avoir de l'argent et j'aime avoir de l'argent liquide. J'aime jouer avec les deux. C'est mon point de vue intéressant. Et il peut y avoir tout un tas de mensonges associés à cela aussi. Cela me rappelle l'interaction que j'ai eue avec un participant lors d'un atelier. Lorsque j'ai décrit mon point de vue sur l'argent liquide et l'argent, elle a répondu avec sa propre curiosité.

Elle m'a dit : "C'est bien. Merci pour ces précisions, parce que ça amène les choses ailleurs. En ce qui concerne l'argent liquide, je me rends compte que l'argent est plus confortable et plus sûr parce qu'il est presque intangible. L'argent liquide est tangible et, peut-être parce que là où j'ai grandi, le fait d'avoir une telle somme d'argent attire beaucoup l'attention et on peut se faire voler comme ça. Aller à la banque et prendre une grosse somme d'argent liquide, c'était tellement effrayant."

"Où as-tu grandi ?"

"Venezuela".

"Oui, je le connais bien. Le Venezuela, le pays des deux séries de livres. Ce que tu montres et ce que personne ne sait."

"Cela dit, je me demande s'il n'y a pas un mensonge derrière tout ça parce que je suis à l'aise avec l'argent, mais quand il s'agit d'argent liquide -".

"Il y a un mensonge. Tu viens de le dire, que " si je mettais de l'argent liquide, il serait volé. Il serait volé. Donc, il y a le 'qui' juste là. C'est ça le mensonge."

Elle avait vécu dans le mensonge que l'argent liquide est toujours volé. Et cela a dû lui créer beaucoup de problèmes, comme on peut l'imaginer.

Disons que le mensonge est le moyeu d'une roue et que tu y crois.

Tu dois obtenir les rayons de la roue pour maintenir ce mensonge en place. Ensuite, tu dois mettre la jante autour pour maintenir la roue en place, puis le caoutchouc autour, et tu dois recommencer de l'autre côté.

Tu es tellement enfermé dans ton point de vue fixe que rien d'autre que le fait de te faire voler ton argent ne peut te venir à l'esprit. Alors, au lieu de dire "L'argent vient, l'argent vient, l'argent vient", c'est "Vole-moi, vole-moi, vole-moi, s'il te plaît. Prends-moi, prends-moi, prends-moi".

C'est comme "Demande et tu recevras". L'univers conspire à te bénir. Il n'y a pas de discrimination entre ce que tu émets et ce qu'il te donne. Il te donne exactement ce que tu demandes.

Si tu crois que quelqu'un va te mentir, tu vas suivre ce mensonge. Si tu crois que quelqu'un va te voler, tu vas attirer ce voleur. Si tu crois que tu dois aider quelqu'un et que tu peux lui offrir mieux qu'il ne peut le faire lui-même, tu te feras voler tes affaires ou tes droits d'auteur, peu importe.

Ce sont toutes des positions fixes. Et elles limitent ton potentiel.

14

JUGEMENTS

Lorsque j'ai été guérie d'une maladie mortelle grâce aux soins énergétiques et à la Theta Healing™ - j'ai eu tellement peur que les commissions d'attribution des licences m'appellent et me retirent ma licence parce que j'ai posé mes mains sur des gens. C'est un jugement important. As-tu déjà subi un examen de ce genre ? J'en ai subi quelques-uns. Ce n'est pas drôle. Alors, trouve des jugements de ce genre.

Prends cette énergie, quel que soit l'endroit où tu l'as vécue, quelle que soit la situation dans ta vie, et perçois où tu la ressens dans ton corps. Maintenant, pendant un instant, élargis ton énergie à un million de kilomètres, en haut, en bas, à gauche, à droite, devant et derrière, en percevant toujours l'endroit où ce jugement t'a frappé dans ta tête ou dans ton corps.

Quoi que ce soit - ta plus grande peur, ton plus grand souci - et où que ce soit - inspire de l'énergie par devant, par derrière, à droite, à gauche, vers le haut par tes pieds, vers le bas par ta tête.

Maintenant, fais-toi aussi grand que la terre.

Et de plus en plus grand, en percevant toujours ce jugement.

Maintenant, tire ce jugement - "Je suis fou, tu es fou, tu es un trou du cul, tu ne devrais pas faire ce que tu fais, tu ne mérites pas ce permis, ce permis, tu es juste narcissique, tu veux juste mon argent, tu es un cinglé. On devrait te tirer dessus, te tuer, te mutiler, te torturer, t'éventrer (c'est une autre vie) - quoi que ce soit, tire-le jusqu'au bout.

Maintenant, retourne cette molécule, là où tu perçois cette énergie dans ton corps, si elle est toujours là. Renvoie ce jugement à l'expéditeur en toute conscience et dis-moi ce que tu remarques.

Plus léger, plus expansif, ou plus dense et plus contraignant ?

Premièrement, tu ne t'es pas enfermé dans le jugement. Deuxièmement, tu as pris le jugement et tu l'as élargi pour en faire de l'espace. Lorsque le jugement et la densité sont frappés par l'espace, la densité se libère et l'espace prévaut.

La plupart d'entre nous se resserrent, se défendent et font le truc américain, c'est-à-dire le truc de la société litigieuse. Nous allons voir un avocat. C'est ça ? On se contraint et on se défend.

Au lieu de porter des jugements, ce qui est la chose à faire intrinsèquement, nous les faisons exploser en élargissant l'espace, en le tirant à travers toi, en demandant à ton corps ce qu'il y a au-delà et en créant de l'espace, ce qui te donne alors plus d'options, plus de choix, plus de possibilités, et tu n'es plus coincé dans le bébé goudron de quelqu'un d'autre.

Fais ce que je t'ai dit ou ce que je t'ai fait faire, car cela t'ouvrira l'espace pour sortir du mensonge du "qui" et du "quoi" que tu es en train de devenir, au lieu de la réalité financière qui est vraie pour toi.

Lorsque tu es dans le choix, la possibilité, la création et la génération, tu ajoutes.

Alors, tous les jugements que tu as peur de recevoir, accepterais-tu d'en recevoir un peu plus pour pouvoir recevoir la prospérité financière et l'abondance qui sont vraiment les tiennes ?

Donc, si tu t'accroches aux jugements, tu limites la quantité d'argent que tu peux avoir, et tu limites la quantité d'argent que tu peux recevoir des gens. C'est ce qui est bizarre, donc c'est un autre mensonge.

Le mensonge est que si tu bloques les jugements, tu seras libre.

Mais ce que je veux dire, c'est que si tu reçois les jugements sur le plan financier, tu auras plus d'argent, plus de liquidités et plus de choix.

Et que faudrait-il faire pour créer cent millions de dollars chaque jour ? Pourquoi est-ce que j'utilise cent millions ? Parce qu'il y a tellement de jugements là-dedans et il y a aussi tellement de façons dont tu ne peux même pas mettre de forme, de structure ou de signification autour de ça. Lorsque la densité rencontre l'espace, la densité se dissipe. Lorsque l'espace rencontre la densité, l'espace prévaut. Lorsque l'espace prévaut, il y a choix, possibilité, contribution. Cha-ching, cha-ching, cha-ching.

L'argent vient, l'argent vient, l'argent vient, l'argent vient.

Dis-le avec moi : "L'argent vient, l'argent vient, l'argent vient" et perçois ce que cela te fait ressentir.

. . .

Voici ta mission :

Demande-toi : "Quelle est ma réalité financière ?" Écris-la et colle-la sur ton miroir ou mets-la sur ton bloc-notes ou parle-la à ton enregistreur audio.

Si tu es dans un "qui" ou un "quoi" ou que tu refuses de voir les jugements, demande-toi : "Qu'est-ce que cela va créer ?". C'est la même question, mais deux perspectives différentes.

Tu veux actualiser l'énergie, l'espace et la conscience de ta réalité financière et tu veux effacer l'actualisation du " qui ", du " quoi " et du refus de recevoir les jugements, afin que tu puisses recevoir ta réalité financière.

"Alors, que puis-je être ou faire aujourd'hui pour recevoir tout de suite ma réalité financière ?".

Tu dois choisir d'être toi. Choisis de t'engager pour toi. Choisis de collaborer avec l'univers, qui conspire pour te bénir, et choisis de créer.

Donc, encore une fois, les questions sont :

Qu'est-ce que cela va créer ? Qui suis-je ?

Qu'est-ce que je suis ?

Quels sont les mensonges auxquels j'adhère ?

. . .

Si cela fait partie de ta réalité financière, alors reçois les jugements et continue à choisir pour toi, à créer pour toi, à collaborer avec l'univers qui conspire pour te bénir, puis à t'engager dans ce que tu sais être vrai.

Rappelle-toi que tu es un être infini qui peut créer des possibilités infinies.

Ne te limite jamais. Ne te contrains jamais. Ne te mets jamais en cage. Ne te détruis jamais.

Et fais ce que tu aimes à partir de ta réalité financière authentique.

15

______

LA LUMIÈRE, DROITE ET SPACIEUSE

Je veux que tu prennes un moment pour remarquer ton corps et ton esprit - comment tu te sens et ce que tu ressens parce qu'après la fin de ce chapitre, il se peut que tu te sentes différent, plus spacieux.

Laisse-moi d'abord te raconter une petite histoire ; c'est une petite chose amusante que je fais dans mes ateliers. Souvent, lors d'ateliers sur l'argent et la liberté financière, je sortais une liasse de billets au début du cours... parce que, eh bien, c'était amusant. Et il s'avère que j'étais vraiment obsédée par les billets de cent dollars. Nous donnons tellement d'énergie à ce bout de papier, n'est-ce pas ? Et en plus, c'est vraiment cool d'avoir une pince à billets en or 14 carats pour tenir le tout ensemble.

Je dis cela parce que cela soulève tellement de projections, de jugements, de peurs, de désirs et de colère. Et c'est ce que je fais dans la vie - parler de toutes ces choses à propos de quelque chose comme ça.

Alors, je faisais exprès d'apporter cette liasse de billets en premier. Je voulais que les gens regardent la réalité de l'argent, ce qu'il était physiquement. Et je veux que vous, mes lecteurs, fassiez de même.

Combien d'entre vous, moi y compris, se sont pliés, pliés, mutilés et agrafés pour essayer de gagner cent dollars, ou même pour gagner un dollar ?

C'est pourquoi nous devons découvrir les mensonges de l'argent, en raison de l'ampleur des efforts que nous ferions pour mettre la main dessus. Au moins, nous méritons de connaître sa vérité.

Découvrir des mensonges profondément enracinés peut être extrêmement puissant. Lorsque j'ai commencé à apprendre que je pouvais guérir des maladies mortelles sans médicaments, sans hospitalisation, sans anesthésie et sans l'aide de personne d'autre que moi et mon choix, j'ai décidé qu'en tant que coach, thérapeute et docteur en psychologie, mes clients devaient en être informés.

J'étais nerveux à l'idée d'emprunter cette voie, mais cela n'avait pas d'importance pour moi car j'avais une maladie. J'étais sur le canapé et je n'arrivais pas à en sortir. Je souffrais."

J'ai perdu mon entreprise, mon cabinet, ma retraite, mes économies, ma maison - j'ai tout perdu d'un seul coup.

L'un d'entre vous a-t-il déjà été confronté à cette situation où il n'a plus rien en matière d'argent ? Je ne le souhaite à personne, mais c'est l'histoire vraie.

Il y a eu un moment dans ma vie où je n'avais que des zéros en face de moi. Il n'y avait personne vers qui me tourner, personne à qui demander, il ne me restait plus rien, et j'ai dû prendre la décision que, quoi qu'il en coûte, j'allais changer ce qui ne me permettait pas d'avoir de l'argent, ce qui ne me permettait pas d'avoir de l'argent.

Et ce que j'ai découvert, c'est que cela n'avait rien à voir avec quelque chose d'extérieur à moi.

Cela avait tout à voir avec ce qu'il y avait en moi et avec mes systèmes de croyances.

Quels sont ces mensonges sur l'argent qui disent : "Il doit y avoir quelque chose qui ne va pas chez moi pour que je ne puisse pas obtenir ce que tout le monde peut obtenir à ce sujet ?"

La vérité, c'est qu'il n'y a rien qui cloche chez toi. C'est juste un choix.

Qu'est-ce qui fait que je ne peux pas avoir d'argent ? Je veux dire que j'ai gagné beaucoup d'argent. J'ai beaucoup de diplômes, d'éducation et de formation. J'ai toujours pu travailler. J'ai commencé par faire la tournée des journaux dès l'âge de 8 ans et j'ai travaillé chez Dunkin' Donuts en faisant des beignets à 14 ans.

J'ai toujours eu de l'argent et travaillé, mais je n'ai jamais été à l'aise avec l'argent.

J'ai toujours gagné chaque centime que j'ai sorti. Si je ne pouvais pas travailler, je ne gagnais pas d'argent. J'ai appris cela très tôt de mon père, avec reconnaissance, même si, plus tard, cela a aussi causé quelques problèmes.

Lorsqu'il est mort, j'étais à l'étranger, en Australie. Je ne savais même pas qu'il était malade ou qu'il m'avait laissé comme exécuteur testamentaire. Je n'avais pas de plan de secours, et ce, après la maladie mortelle.

Mon premier moment avec zéro, debout à une station-service, ne sachant pas comment j'allais obtenir de l'essence en tant que personne professionnellement licenciée et éduquée, a été une sacrée pilule à avaler. J'ai littéralement braillé en essayant de comprendre ce que j'allais bien pouvoir faire. Cela ne m'était jamais arrivé.

Ce dont je parle est peut-être un peu extrême pour certains d'entre vous parce que vous n'avez pas cette expérience.

Je comprends. Mais je dis toujours aux praticiens avec lesquels je travaille qu'on ne peut enseigner et faciliter quelque chose que dans la mesure où l'on est soi-même allé plus loin.

L'argent est une chose avec laquelle j'ai lutté - et une chose pour laquelle j'ai très bien réussi. Et c'est quelque chose avec lequel je continue à grandir parce que je n'ai pas réglé tous les problèmes financiers et pourtant je suis pour le progrès et non pour la perfection.

Je ne suis pas encore prêt à cent pour cent comme j'aimerais l'être, mais je peux te dire ceci : Je vais y arriver quoi qu'il arrive - quoi qu'il en coûte, quoi que je doive perdre, quoi que je doive fermer, quoi que je doive éteindre, où que je doive déménager, quoi que je doive faire, quelle que soit la partie du monde qui m'appelle.

Je vais choisir ce qui est clair et juste et ce qui fonctionne le mieux pour moi sur le plan financier, émotionnel, spirituel et physique.

C'est ainsi que l'argent vient à moi, avec la vérité et la lumière.

L'argent vient à la fête du plaisir. L'argent vient à ce qui est léger et juste pour toi. L'argent vient quand tu vis en accord avec toi-même. L'argent vient quand tu es authentique. L'argent vient quand tu es heureux.

Je n'ai jamais aimé écouter les animateurs dire qu'ils ont tout compris. Je ne leur fais pas confiance lorsqu'ils ont tout compris et qu'ils savent tout, ou qu'ils sont passés par là et ont fait cela. Je ne leur fais pas confiance. Je fais confiance à une histoire authentique.

Nous avons tous des choses à faire. Nous avons tous des bagages.

Il y a tous ces domaines de ta vie - physique, mental, émotionnel, spirituel, psychologique, psycho-somatique, psycho-énergétique, psychique, relationnel. Il y a toujours quatre ou cinq domaines qui fonctionnent bien pour toi, et puis un, deux ou trois qui ne fonctionnent pas.

Pour moi, et pour de nombreux clients avec lesquels j'ai travaillé, les domaines dans lesquels j'ai eu le plus de difficultés sont l'argent, le corps, la santé et les relations.

Je connais mes squelettes et je sais ce qu'il y a dans mon placard - les abus dont j'ai souffert - et je parle tous les jours à 205 000 auditeurs par semaine dans mon émission Voice of America de dépasser les abus, les abus financiers, les abus sexuels, les limitations et les contraintes pour passer à ce que j'ai appelé l'altivité radicale, qui signifie choisir pour toi, s'engager envers toi, collaborer avec l'univers qui conspire à te bénir et ensuite créer.

Aujourd'hui, rien ne se cache nulle part sous aucun tapis. Je n'ai peur de rien. Je peux tout affronter. J'ai tout perdu. J'ai tout gagné. J'ai déménagé. J'ai abandonné mon cabinet. J'ai laissé tomber une entreprise. Je l'ai créée à nouveau. Je l'ai fermée. Je l'ai créée à nouveau.

J'ai écrit des livres. J'ai publié des livres. Je n'ai pas publié de livres.

Je continue simplement à choisir ce qui est léger et juste pour moi, quel que soit le traumatisme, quelle que soit la tragédie et quelle que soit mon histoire.

Serais-tu prêt à abandonner un peu de ta tragédie, de ton traumatisme et de ton histoire qui actualise le fait de ne pas avoir tout ce que tu désires en matière d'argent, alors que tu n'as peut-être pas tout ce que tu désires en ce qui concerne ton corps, tes relations et ton entreprise ? Peut-être juste un changement d'un degré ?

Nous avons toujours le reste du monde avec qui parler, et si tu veux avoir une pratique et que les gens viennent à toi, tu ne peux pas les aliéner avec une langue qu'ils ne comprennent pas, n'est-ce pas ?

Le décalage d'un degré est ma façon de faire, ainsi je couvre tout le monde - chacun peut faire un choix.

Quoi que vous fassiez, je ne vous connais pas tous. Je crois que vous êtes des guérisseurs en quelque sorte - des praticiens, des chercheurs éduqués.

J'ai le sentiment profond que chacun d'entre vous a son propre rugissement - l'actualisation physique de son propre tsunami, volcan, tremblement de terre - qui vit en lui et qu'en actualisant son authenticité, il change le monde.

Alors, quel est le rapport avec l'argent ? Cela a un rapport avec ceci : La vérité, légère ou lourde.

La lumière est un peu pétillante et expansive, comme un excellent champagne. Tu sais que les bulles sont bonnes au sommet.

La densité, la lourdeur, c'est comme se mettre en boule. Tu le sens peut-être dans tes tripes. C'est étriqué. C'est une limitation. Il se peut que tu sois un peu fatigué ou que tu bâilles beaucoup.

Alors, voici la question que je te pose, et tu décideras ensuite comment elle te fait sentir, Vérité, Légèreté ou Lourdeur.

Vis-tu ta réalité financière ? La vérité ? Légère ou lourde ?

Si oui, as-tu tout ce que tu désires ? La vérité ? Légèreté ou lourdeur ? Pas de bien ou de mal.

Je vais maintenant répéter les trois questions essentielles qui font l'essence de ce livre. Tu peux les utiliser tout le temps quand il s'agit d'argent. Écris-les :

1. *Qui es-tu ?*
2. *Qu'est-ce que tu es ?*
3. *À quel mensonge crois-tu ?*

Alors "Qui es-tu, que fais-tu et à quel mensonge adhères-tu ?"

C'est très simple...

Cela ne semble peut-être pas lié à l'argent ou à la monnaie, mais je peux te dire que, ce soir, tu commenceras à voir quelque chose - que ce que tu croyais être ta réalité financière ne l'est pas, et que l'énergie que tu mets dans ta réalité financière ne l'est pas. Et tu démasqueras le mensonge que tu as rendu vrai mais qui ne l'est pas.

Tu commenceras à enlever les œillères, le manteau, le costume que tu portais sur ton compte en banque, dans tes affaires, dans tes relations sexuelles, dans ton couple, dans ton rôle de parent, dans tes relations avec tes animaux, dans tes relations avec tes voitures, dans tes relations avec la Terre.

Et lorsque tu commences à dévoiler le manteau, alors tu commences à te dévoiler.

C'est alors que tu rugis, que l'actualisation physique du grondement, du tremblement de terre, du tsunami, du volcan - uniquement et uniquement toi - commence à se manifester.

C'est aussi à ce moment-là que la providence se met en marche et que les choses commencent à se présenter à toi.

Ce ne sont pas les anges gardiens qui te donnent les places de parking, mes amis.

C'est toi qui te lèves pour être plus toi-même.

Par exemple, une fois, après un préavis de 90 jours, j'ai licencié tout mon personnel. Chaque personne. C'était le plus grand risque que j'aie jamais pris de choisir pour moi en termes d'entreprise - parce que je faisais quelque chose qui, dans l'entreprise, ne fonctionnait pas. Essayer de faire travailler les gens pour moi ne fonctionnait pas.

Il y avait une énergie que j'étais - c'était comme le jeu du téléphone. Je disais : "Fais faire la tâche A", et ça devenait quelque chose en mandarin, en russe et en espagnol, et quand ça me revenait, ils me disaient : "Voilà, je l'ai fait", je répondais : "Mais ce n'est pas exactement ce que j'ai demandé."

C'est un exemple un peu extrême, mais c'est la meilleure façon de l'expliquer.

Et puis il y avait cette autre énergie autour du mensonge de la façon dont je devais gagner de l'argent, c'est-à-dire travailler jusqu'à l'os. Remarque ce que j'ai dit à propos de mon père depuis le début : travailler dur et ne pas avoir de facilité.

Faire cela en 90 jours n'était pas une sorte de frénésie et de purge. C'était très pragmatique au niveau du timing. Je disais : "Nous approchons des 30 jours ; voici ce que nous devons atteindre. Voici l'objectif à atteindre. Faisons-le, ba da da da da." C'était très clair depuis le début, mais je dois te dire que j'ai une peur bleue.

Absolument, totalement vulnérable.

Un ancien mentor m'a demandé : "Qu'est-ce que ça te coûte de les garder ? Combien cela te coûte-t-il de garder ton personnel ?"

"Ma santé, mes cheveux gris. J'en ai encore."

Puis j'ai dit : " Je veux vraiment aller avec cette autre entreprise de marketing qui, je pense, peut m'amener là où je veux vraiment aller et ce que je veux vraiment faire avec les livres, le programme de certification et tout ça pour faire la transition du traumatisme hors de cette planète. "

Je partage cela avec toi parce que je le vis. Je refuse de vivre selon le mensonge de l'argent, et je refuse d'être encore esclave de l'argent. J'ai refusé d'être l'esclave de l'abus, tout comme je refuse d'être l'esclave de quoi que ce soit d'autre que ce qui est léger et juste et qui fait partie de mon ROAR (Radically Orgasmically Alive Reality, ou réalité radicalement vivante et orgasmique).

Alors, voulez-vous tous vous joindre à moi pour cela ? Et lâchez tout ce qui ne vous permet pas de vivre davantage, de savoir davantage, d'être davantage, de recevoir davantage et de percevoir qui vous êtes vraiment au-delà de cette réalité et de l'amener dans cette réalité.

Je vais te montrer comment cela fonctionne en te faisant part d'une interaction lors d'un de mes ateliers.

Nous étions en train de discuter des mensonges de l'argent, et je pouvais sentir l'énergie de la pièce se modifier. "Remarque... est-ce que ça devient plus lourd et plus dense ici ou plus léger et plus libre ?". ai-je demandé. Les participants ont répondu à l'unanimité : "Plus léger".

Me sentant encouragée, j'ai demandé : "As-tu quelque chose à demander ?".

Un participant a hésité avant de se lancer. "Ça alors, il y a tellement de choses. Commençons par mon travail. Je gagne un salaire horaire, et j'aimerais avoir un emploi avec un salaire de grande fille et, à terme, ma propre entreprise. Je me sens juste vraiment, vraiment énervée d'être ici alors que je sais que je peux y être."

"Alors, qui es-tu quand tu es ici ?" Je me suis renseignée, curieuse de connaître l'énergie qu'elle incarnait.

"Ma mère", a-t-elle admis avec un sentiment de frustration.

"Et qu'est-ce que tu aimes dans le fait d'être ta mère dans ton travail ? Qu'est-ce que tu aimes dans le fait d'aller au travail avec toi tous les jours ? Prendre tes pauses au travail avec ta mère", lui ai-je demandé, voulant qu'elle explore la dynamique sous-jacente.

"Ça craint", a-t-elle répondu, son mécontentement étant évident.

Ensuite, j'ai élargi l'enquête, en impliquant d'autres personnes. "Et combien d'entre vous font la même chose avec leur mère ? Alors, qui es-tu, ta maman ? Qu'est-ce que tu aimes dans le fait d'être ta maman ?"

"C'est sûr", a proposé un autre participant.

"D'accord. Alors, dis-moi ce qui est vraiment sûr dans le fait de transporter ta mère, de manger pour elle, de penser avec elle, de faire tes choix concernant tes affaires avec elle quand tu veux être là-bas, mais que tu restes ici. La vérité. Quel est le mensonge sur lequel tu vis ?"

"Je ne suis pas assez bien tant que je n'ai pas ça", a avoué le participant, mettant à nu une croyance profondément ancrée.

"Tu n'es pas assez bien pour avoir ce qu'elle veut. Tu n'es pas assez bien pour avoir ce que tu veux. La vérité. Quelqu'un d'autre veut renoncer à un pour cent de 'je ne suis pas assez bien pour avoir ce que je veux' ?" J'ai demandé, invitant les autres à réfléchir.

"Alors, qu'est-ce que tu aimes dans le fait de ne pas être assez bien pour avoir ce que tu veux ?". J'ai continué.

"Je n'ai pas besoin de me mettre en avant", a-t-elle admis.

"Et si tu arrives à te cacher et que tu ne te mets pas en avant, quel est le meilleur côté de la chose alors que toi et maman restez derrière votre bureau et votre salaire, votre salaire horaire ? Et tu n'arrives jamais à être là où tu veux être ?"

"Tu peux te cacher", a-t-elle reconnu.

"Je sais", ai-je répondu avec empathie. J'ai senti le poids émotionnel qu'elle portait.

"Tout ce que je fais, c'est me connecter à son énergie, et les mots viennent de là. Je peux sentir la constriction dans sa poitrine, et elle est en train de céder. Mais c'est ce que nous faisons", ai-je ajouté, reconnaissant les schémas familiers. "Elle prend la décision de ne pas avoir ce qu'elle veut en choisissant de rester connectée à ce qu'est sa mère. Penses-tu que cela va affecter tes flux d'argent ?"

"Oui", a-t-elle répondu, reconnaissant l'impact.

"Énergiquement ? Ta mère aimait l'argent ?"

"Non."

"Ta mère a-t-elle aimé son travail ?"

"Non."

"Est-elle restée à son travail alors qu'elle ne voulait pas y être ?".

"Elle pourrait prendre sa retraite tout de suite, mais elle ne le fait pas", a partagé le participant.

"Alors elle est restée à son travail alors qu'elle ne voulait pas rester à son travail ?".

"Oui."

"Exactement . Tu restes à ton travail alors que tu ne veux pas y rester ?"

"Oui", a-t-elle admis, reconnaissant le parallèle.

"Maintenant, s'il te plaît, à moins que ce soit léger et juste pour toi, ne pars pas d'ici et ne quitte pas ton travail si tu n'as pas quelque chose d'autre en place parce que je pense qu'il y a aussi une façon d'être pragmatique." J'ai fait une mise en garde, comprenant les complexités des décisions du monde réel.

Je lui ai dit : "Ton travail te donne de l'argent, mais ton entreprise et ton ROAR, c'est là où tu veux vraiment être - et cela te donnera tout, y compris de l'argent. La plupart d'entre nous choisissent de rester à cause de l'argent, et nous négligeons notre être en choisissant ce que tu choisis."

Cette magnifique personne choisissait une réalité financière qui n'était pas la sienne. Certains d'entre vous ne veulent pas quitter leur maman. Il y a eu un film intitulé Throw Mama from the Train. Tu devrais peut-être le regarder.

Pendant 15 ans, j'ai animé en Californie un atelier appelé LEAP, pour *Life Empowerment Action Program (Programme d'action pour l'autonomisation de la vie)*. Un jour, nous avons reçu une grande feuille de papier blanc et l'un de mes assistants y a dessiné de l'argent. J'ai demandé à tout le monde de prendre un stylo noir et j'ai dit : "Écrivez toutes vos projections sur l'argent - toutes vos haines, tous vos jugements."

Je pensais qu'il y en aurait peut-être trois.

Oh mon dieu, je ne voyais même plus l'argent.

Il y avait les phrases les plus horribles que j'ai jamais vues écrites - et j'ai grandi dans un environnement où l'on parlait très fort et où l'on était très caustique.

Par exemple, *"Tu dois vendre ton âme au diable pour avancer"*.

C'est un moyen sûr de t'éloigner de l'argent. Mais c'est ce que nous choisissons tout le temps en cachette.

Il y a des choses que je ne peux pas répéter ici parce que ça aurait l'air tellement horrible. Mais tu le sais déjà - les jugements, les projections, les séparations, les attentes, les ressentiments, les rejets et les regrets concernant l'argent étaient extraordinaires.

Et je me suis dit à ce moment-là qu'il n'était pas étonnant qu'ils n'aient pas assez, qu'ils doivent travailler dur et que, quels que soient leurs efforts, ils ne sortent jamais de l'endettement, qu'ils sont toujours endettés.

Il n'était pas étonnant qu'ils soient capables de gagner de l'argent, mais jamais de l'avoir, de l'économiser ou de le dépenser, qu'ils ne puissent jamais partir en vacances, et qu'ils doivent avoir trois emplois ou épouser quelqu'un d'autre pour leur donner de l'argent parce qu'ils ne peuvent pas vivre seuls, ou qu'ils doivent emprunter de l'argent et continuer à emprunter de l'argent à leur famille ou à des cartes de crédit ou à des institutions et faire faillite encore et encore et encore.

Tu dois faire sortir maman et papa et toute la culture et le Vatican et n'importe quelle autre église en laquelle tu crois de ton corps pour que tu puisses t'entendre.

C'est la question "Qui suis-je ?". Maintenant, "qu'est-ce que" tu es ?

Quand tu es ta mère, l'argent est la racine du diable incarné, "qu'est-ce" que tu es ? Tu es une enfance retenue, effrayée, paralysée, étriquée par les mensonges que tu as rendus vrais en étant.

Alors, concentre-toi sur l'espace où tu te sens léger ou lourd parce que lorsque l'espace rencontre la densité, la densité se dissipe. Lorsque ton corps ressent un peu plus d'espace, même s'il y a de la densité, concentre-toi sur l'espace.

La plupart d'entre nous se concentrent sur la densité, et la densité est le mensonge.

Tu ne peux pas changer un mensonge. Tu ne peux changer que l'espace et la vérité.

L'espace, la vérité, c'est la légèreté en toi, alors concentre-toi sur les molécules d'espace à l'intérieur de toi et demande-leur de continuer à tourner, tourner et tourner jusqu'à ce qu'une plus grande partie de toi marche à l'intérieur de toi.

Regarde comment tu fais un degré. C'est un changement d'un degré juste là pour obtenir un espace comme ça. C'est une réussite.

16

FAIS-LE PAYER

Collaborer avec l'univers qui conspire pour te bénir, c'est savoir que l'univers te soutient, mais tu ne peux pas savoir que l'univers te soutient tant que tu ne le fais pas toi-même.

Combien de personnes ont essayé de te dire qu'elles assuraient tes arrières et tu t'es dit : "Pas question. Va-t'en."

C'est parce que tu ne sais pas ce que c'est que d'assurer tes propres arrières. Aucun d'entre nous ne le sait vraiment jusqu'à ce que nous commencions à choisir pour nous, à nous engager pour nous.

La seule façon dont je savais comment exister dans le monde était que quelqu'un me baise, au sens propre comme au sens figuré. Il m'a fallu beaucoup de travail pour défaire et recâbler cela, et pour faire savoir qu'il y a des gens bien dans le monde qui ne cherchent pas à me baiser.

La partie la plus difficile a été de diffuser le fait qu'il y a des gens dans le monde qui ne se soucient pas de moi et qui aimeraient me marcher dessus.

Tu dois être au courant de tout.

Je ne sais pas pourquoi, mais il y a des gens qui ne m'aiment pas. Ne sais-tu pas qu'il y a des gens qui ne t'aiment pas ? Et n'y a-t-il pas des gens que tu n'aimes pas à la première rencontre, sans savoir pourquoi ?

C'est comme ce que mon petit neveu a dit quand ma mère a essayé de le faire monter sur l'éléphant au cirque quand il avait quatre ans : "Pas pour moi, maman. Pas pour moi."

J'ai dû apprendre à assurer mes propres arrières et à changer cela. Un ancien mentor me disait toujours : "Avec tout ce que tu as traversé, et les abus que tu as vécus - choisis et vécus - comment se fait-il que tu sois si gentille et que tu t'intéresses vraiment aux gens, et que tu t'investisses dans leur changement, leur crois-sance et leur transformation, ainsi que dans la tienne ?"

Je me suis dit : "Je n'en ai aucune idée. Tout le monde n'est pas comme ça ?"

C'est à ce moment-là que j'ai commencé à me rendre compte qu'il y avait une différence en moi. Maintenant, je ne dis pas qu'il n'y a pas de différence en chacun de vous. Et c'est de cela qu'il s'agit quand on parle d'impression d'âme.

Une empreinte d'âme est notre propre empreinte digitale unique, le caractère et le contour uniques de notre âme, notre ROAR. Si nous devions avoir un travail, un objectif, ou quel que soit le nom que tu lui donnes, cette intention est de libérer ce ROAR, l'empreinte de ton âme sur les lèvres de cette réalité.

Mon ROAR, c'est ce que je fais avec mes cours, ma pratique, mon écriture, l'émission de radio et la transition des traumatismes hors de la planète, en sortant de la cage de l'abus, de la limitation et de la constriction pour aller vers l'altivité radicale. C'est tout ce que je fais. J'en parle tous les jours. J'écris sur ce sujet tous les jours. Je ne sais pas comment j'ai pu avoir plus de 100 émissions sur la Voix de l'Amérique à ce sujet, parce que je penserais que je m'ennuierais maintenant, mais des émissions continuent d'être créées.

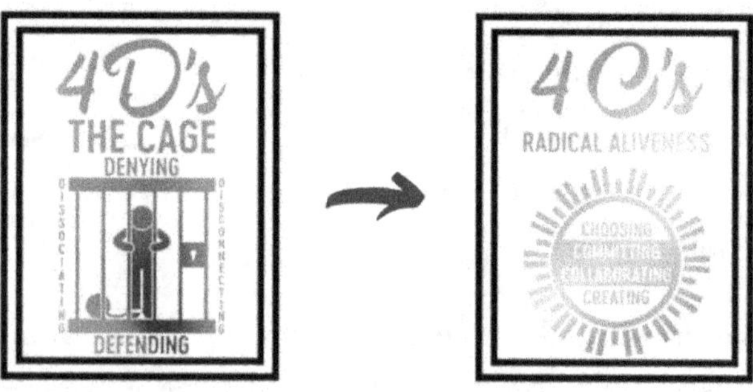

Il y a tellement de gens qui appellent à l'émission de radio pour être facilités. Récemment, une femme a appelé d'Arabie saoudite et a dû parler sous un bureau sur Skype parce que si on découvrait qu'elle posait des questions à ce sujet, elle serait tuée. Je garde cette émission à l'antenne pour une autre personne comme elle qui n'aura peut-être jamais l'occasion de dire ce qui est vrai pour elle, à l'exception de ce moment d'espace en Arabie saoudite. C'est l'empreinte de mon âme.

Je ne sais pas ce que vous allez tous faire, mais quelque chose va changer. Les personnes et les choses dans lesquelles vous êtes investis et impliqués - vos enfants, votre famille, vos flux d'argent - vont changer parce que vous allez regarder les choses différemment. Lorsque tu verras ce compte baisser et que tu ressentiras cette sensation familière dans ton corps, tu te diras peut-être : "Qui suis-je en ce moment ?"

Quoi que ce soit qui change l'énergie, te réveille et te dit : "Ok, si je suis ça en ce moment, qu'est-ce que ça fait ?".

"Eh bien, cela me semble plutôt horrible, anxieux. Qu'est-ce que je peux choisir de plus léger et de plus juste pour moi ?".

Prends le téléphone et appelle quelqu'un, organise une séance ou autre. Vends un appartement ou une maison. Quoi qu'il en soit, tu as de l'argent.

"Qu'est-ce que je suis quand ce sentiment familier et le compte en banque baissent ?".

"Qu'est-ce que je suis en ce moment ?"

En général, c'est pathétique. En général, tu es effrayé, dépassé, fermé, dense.

"D'accord, en quoi cela sert-il ce que je suis en train de créer ? Est-ce que cela détruit mes créations ou crée mes créations ?"

Si cela ne donne pas lieu à tes créations, alors fais un choix différent et fais ce qu'il faut : sors de chez toi, va te promener, grimpe sur la Terre, monte sur un cheval, escalade quelque chose d'autre.

Tout ce que tu dois faire. Il s'agit de faire, et non de penser. Il s'agit de faire à partir d'un espace de perception et de réception. Ensuite, la meilleure question que tu puisses poser est la suivante : " D'accord, c'est ce qui se passe. Quel est le mensonge auquel j'adhère en ce moment et que je considère comme vrai ?"

Et quand tu auras la réponse, si elle est lourde, ne la crois pas. C'est un mensonge parce que tu ne peux pas changer un mensonge. Tu ne peux pas changer la lourdeur. Tu ne peux changer qu'en faisant ce qui est léger et juste pour toi.

À chaque fois, suis ce qui est bon pour toi. La lumière engendre la lumière.

Je suis avec toi. Je te garantis que tu as de la perspicacité et beaucoup de brio à offrir aux gens. Et je te dis de le faire payer.

Fais-le payer.

Et je te garantis que tu peux créer de tes mains quelque chose que personne d'autre ne peut faire. Et je dis, utilisez cet argent de votre brillance pour créer plus de brillance, pour vendre plus de brillance de vous, afin que plus de brillance de vous apparaisse dans le monde. Chaque fois qu'il coule, il en crée davantage. Parce que tu te lèves pour être ton ROAR, et c'est ce que tu fais en étant toi-même.

Quand quelqu'un vient me voir et m'ouvre la porte d'un degré, je peux me lancer à fond. Je peux sauver les meilleurs d'entre eux. Je suis un enfant du milieu. Je sais comment traverser les épreuves. J'ai survécu à beaucoup de choses. Je peux gérer beaucoup de choses, alors présente-moi quelque chose, pas de problème. Mais j'ai dû apprendre à retirer mon énergie, à élargir mon espace, à utiliser mes deux oreilles, et quand quelqu'un vient pour un travail individuel, je lui dis : "Très bien, quand vous partirez d'ici, qu'est-ce que vous voulez qu'il vous reste, juste pour aujourd'hui ?" En général, ils répondent : "Je ne sais pas."

"Eh bien, tu me paies. Qu'est-ce que tu veux faire ?"

Et je les fais s'avancer et dire ce qu'ils aimeraient faire pour que nous puissions ensuite aller dans cet espace qui leur donne le pouvoir de continuer à choisir plus, ce qui est la légèreté de toi.

La chose la plus importante pour toi est de faire ce que tu aimes, de faire ce qui est facile pour toi, d'être payé pour cela et de continuer à créer - parce que c'est cela l'altivité radicale.

Lorsque nous vivons autrement que cela, nous sommes morts.

Et je ne sais pas ce qu'il en est pour toi, mais la mort n'est pas une partie de plaisir.

Remarque que nous parlons très peu d'argent dans ce chapitre, car c'est là tout le problème. Le problème d'argent que nous avons n'a vraiment rien à voir avec l'argent. Il a à voir avec les mensonges que nous avons achetés comme étant vrais.

Cependant, lorsque tu parles spécifiquement d'argent et que tu te restreins à ce sujet ou que tu essaies de créer quelque chose, qui es-tu ?

"Qu'est-ce que je suis quand je choisis ma mère et mon père ?".

"Quel est le mensonge auquel j'adhère et que je qualifie de vrai qui me fait continuer à choisir contre moi ? Maintenant que je sais que c'est ma mère et mon père et pas moi."

Ce sont les choses les plus simples que je puisse te dire pour te guider. Cela te permettra de choisir une autre possibilité.

La question est de savoir si tu serais prêt à le faire pour toi ? un degré de plus ?

Ces questions d'argent sont délicates.

Il y a une épidémie d'abus dans cette réalité ; c'est la norme de cette réalité - le malaise d'être nous.

Les mensonges de l'argent consistent à se confronter à : "Qui suis-je, qu'est-ce que je suis, à quel mensonge suis-je en train d'adhérer et que j'ai fait passer pour vrai ?" Ce n'est pas un travail pour les faibles. Ce n'est pas un travail pour les faibles, c'est un travail pour le méchant qui rugit à l'intérieur de toi et qui dit : "Ça suffit. Ça ne vaut plus la peine de se cacher derrière ça".

C'est ce que j'ai dit quand je me suis retournée et que j'ai fait face et regardé toutes les décennies de perpétration et toute la merde à laquelle j'ai dû faire face.

Pas plus.

Je n'allais pas en être l'esclave.

Et si je peux aider une personne grâce à ce dont je parle, je vais en parler. Et je vais me lancer parce que beaucoup d'autres personnes comme moi se lanceront aussi. Après tout, c'est moi qui en parle. Ils peuvent voir qu'ils ne mourront pas s'ils disent ce qui est vrai.

Mais nous nous cachons derrière nos rochers, nos systèmes de croyances, nos points de vue, notre mère et notre père, nos emplois, notre pauvreté, notre enlisement, nos échecs, nos ceci et nos cela.

Et nous nous maintenons dans un état pathétique.

Si tu lis ces lignes, tu n'as rien de pathétique. Vous êtes les personnes qui exigent d'avoir de l'argent parce que l'argent entre vos mains changera ce monde.

L'argent entre tes mains fera basculer le monde sur son axe, mais pas les lignes de faille. Et si c'est le cas, ce n'est pas grave parce que tu seras en train de rugir.

Sois toi-même, au-delà de tout et crée de la magie !

17

ABANDONNE LES MENSONGES

L'argent est un sujet tellement lourd pour les gens. Il soulève tellement de déchets et de saletés, de négativité et de destruction, de blocages, de lourdeur et de peur - tout ce qu'il y a sous le soleil, en fait. Mais c'est aussi pour cela qu'il mérite d'être abordé, au même titre que la santé, le sexe ou les relations. L'argent a un impact profond sur nos vies, et nous avons nos propres problèmes avec lui.

Pour moi, mon problème unique était que je pouvais toujours gagner de l'argent, mais que je ne pouvais jamais me permettre de l'avoir, de le garder. Et puis j'ai commencé à remarquer qu'il y avait un schéma chez mes clients qui présentaient le même "problème", à savoir qu'ils pouvaient créer de l'argent, mais qu'ils ne le gardaient jamais ou ne l'avaient jamais.

J'ai commencé à observer et à voir ces gens avec qui je travaillais, des gens vraiment formidables, succomber à ce gourou, cette chose divine qu'ils appelaient l'argent.

Puis, il y a quelque temps, quelque chose a complètement changé pour moi, financièrement et énergétiquement, et beaucoup des choses dont j'ai parlé ici ont tout simplement disparu. Je ne sais même pas ce qui s'est passé.

Ce n'était pas comme une séparation des mers, Moïse et tout le reste. Cela a juste semblé changer.

Cela ne veut pas dire que c'est parfait ou que je ne peux pas faire mieux parce que, pour moi, je suis toujours en train de grandir, n'est-ce pas ? Je fais toujours mieux.

Si tu te guéris d'une maladie mortelle sans médicaments allopathiques, tu en retires quelque chose. J'y ai gagné quelque chose et j'ai tout mis en jeu financièrement pour le faire. C'est la meilleure décision financière que j'ai jamais prise, et ce que j'ai appris de cette expérience, c'est que tu gagneras toujours plus d'argent.

Et c'est ce que j'ai fait.

En t'alignant constamment sur ce qui te semble léger et juste, et en faisant le prochain pas qui se présente, tu suis naturellement un chemin guidé par l'énergie positive. Cet alignement ne façonne pas seulement tes actions mais reflète aussi ce qui est en toi. Par conséquent, l'argent a tendance à suivre parce que ton alignement intérieur et ton énergie positive créent un environnement propice à attirer l'abondance financière.

Cependant, alors que ma réalité financière changeait d'énergie, j'ai vu que de nombreuses personnes avec lesquelles je travaillais, et des collègues, n'en sortaient pas.

Si tu ne comprends rien à ce que je dis, ce n'est pas grave. J'apprécie que les gens ne comprennent pas parce que, lorsque tu comprends, tu ne fais peut-être qu'imiter le point de vue de quelqu'un d'autre.

Et je ne veux pas que tu te retrouves sous le point de vue de quelqu'un d'autre, parce qu'il y a eu tellement de décennies que nous nous sommes tous incarnés et embrassés sous le point de vue de quelqu'un d'autre - et que nous avons ensuite appelé cela notre réalité.

Une fois de plus, ce chapitre parlera moins d'argent et de liquidités réelles, mais se concentrera plutôt sur tout ce dont tu as besoin pour créer ton "flux d'argent" -

ou son absence - sur ton compte en banque, ton porte-feuille, tes investissements, ton chéquier et dans ton porte-monnaie dès maintenant.

Tout ce dont nous allons parler est ce qui s'actualise comme ta réalité financière.

Tu vois, mon père m'a toujours parlé des relations. Il disait : "On dit que les opposés s'attirent". C'est ce que j'ai obtenu. Et tu vois comment ça a marché pour nous ?" Il parlait de son mariage. Et maintenant, vous savez tous que c'était un autre problème et que j'ai suivi beaucoup de thérapies pour cela.

C'est pourquoi j'ai obtenu un diplôme de psychologie, pour pouvoir empêcher d'autres personnes de faire cela. On t'apprend ce que tu dois faire dans la vie d'une certaine manière.

Il m'a dit quelque chose du genre : "Mets-toi vraiment avec quelqu'un avec qui tu peux collaborer, quelqu'un avec qui tu peux travailler, t'efforcer de créer quelque chose ensemble. Mais ne mets pas tous tes œufs sur et dans quelqu'un pour faire ta vie."

J'ai pris les choses qu'il m'a dites dans ces moments-là comme la meilleure éducation commerciale et finan-cière que je pouvais avoir.

Je me souviens de mes premiers jours à New York, je regardais tout le monde marcher jusqu'à la gare parce qu'on attendait de moi que j'aille travailler en ville à New York. On attendait de moi que je prenne le train tous les jours pour aller travailler quelque part dans les affaires. On attendait de moi que je porte un costume tous les jours, que je mette des chaussures de sport ou des baskets et mes talons dans ma mallette, que je marche jusqu'au métro et que j'aille en ville.

C'est ce que je devais faire.

Je me souviens avoir regardé la lune par la fenêtre de ma chambre et avoir dit : "Dieu, quoi que tu fasses, ne me laisse pas vivre une vie sans âme."

Oui, un peu de jugement.

À cause de ce que j'ai vu - tous ceux qui marchaient vers la gare, hommes et femmes - personne n'était heureux. Personne ne souriait. Tout le monde avait l'air triste.

Pendant ce temps, mon père, dans des moments au sous-sol, m'a appris à être vraiment heureuse et à faire ce que j'aime. J'ai donc quitté New York dès que j'ai pu et je suis partie vers l'ouest. Quand je suis arrivée en Californie, tout le monde m'a dit : "Oui, c'est un vendredi et un lundi. Allons faire du vélo. Et c'est un mardi et un mercredi ou un jeudi... faisons du vélo. Allons faire une randonnée."

Je me suis dit : "Les gens ne marchent-ils pas jusqu'au train, ne vont-ils pas en ville et ne travaillent-ils pas toute la journée ?" Non, ils travaillaient en jeans et en shorts et gagnaient plein d'argent et avaient le sourire aux lèvres, ce sont mes gens, me suis-je dit.

Ces moments avec mon père étaient importants, et c'est de là que m'est venu l'amour de l'argent. Cet amour issu de ces moments avec mon père à propos de l'argent a tout changé pour moi.

J'ai eu un peu de mal pendant certaines de ces années, mais maintenant, quand je me souviens de ces histoires et de l'énergie de mon amour de l'argent, cela crée en fait plus d'argent, plus d'affaires, plus de plaisir, plus de joie, plus de communion avec la terre, une meilleure sexualité et une relation plus heureuse en moi-même - une relation saine en moi-même et avec mon corps.

Ces premiers moments, le fait de savoir à quoi ressemble l'argent, son odeur, son goût, et l'histoire d'amour que j'ai eue avec lui, ont été pour moi l'interrupteur qui a ouvert le robinet de l'argent et le robinet de l'argent. Sinon, je ne l'aurais jamais su.

18

LA LIBERTÉ DE L'ESPACE

Pourquoi est-ce que je te demande de renoncer à tes mensonges sur l'argent ?

Parce que tout ce que tu crois de quelqu'un d'autre et qui n'est pas à toi, tu le rends vrai pour toi, et tu ne pourras jamais le changer ou le dépasser parce qu'il n'est pas à toi. Tu ne peux pas changer quelque chose qui n'est pas à toi.

Quelqu'un a quelque chose dans sa vie qui ne change pas ? À partir d'aujourd'hui, j'espère que tu demanderas : "Est-ce que c'est à moi ?".

Encore une fois, est-ce que c'est le mien ? Est-ce ma croyance ? Ma réalité ?

Parce que si tu ne comprends pas que c'est léger, étincelant, pétillant et expansif quand tu poses la question

"Est-ce que c'est à moi ?" et qu'au contraire, ça te semble dense et resserré dans tes tripes et lourd, c'est un mensonge que tu es en train d'acheter.

Si tu te sens léger, expansif, libre, joyeux, c'est vrai.

Du mieux que je peux, je veux que vous soyez tous un peu plus ouverts que lorsque vous avez commencé à lire ce livre. Parce que nous arrivons tous avec nos points de vue, notre réalité, nos désirs, nos problèmes, nos questions pour lesquelles nous avons besoin de nos tissus - toutes les choses que nous nous sommes sentis incapables de dépasser.

Et ce que j'ai constaté avec mes clients et pour moi-même, c'est qu'ils ne sont même pas les nôtres.

Nous les avons adoptés.

Rien de tout cela ne te concerne.

Je ne me contente pas de prendre un café avec toi et de dire ces choses sans raison. Je les partage pour que nous puissions atteindre ce 1 % pour toi - et j'espère que cela contribuera à ce que tu sortes d'ici et que tu reçoives un appel téléphonique de la personne qui te doit de l'argent, pour te dire qu'elle va verser un acompte sur ton compte. Ou, si tu es à la recherche d'un nouveau poste, qu'il te parviendra par la poste, par courriel ou par téléphone.

Ou peut-être que demain, tu ouvriras le journal, ou tu regarderas sur Internet, et que quelque chose que tu désirais, sans même savoir que tu le désirais, apparaîtra sur ton écran... quelque chose comme ça.

Pour en revenir à moi et à mon processus, je suis finalement arrivé au Texas. La seule chose que je connaissais du Texas, c'était mes propres jugements. Je ne savais même pas que j'avais un jugement sur le Texas.

Puis, quand je suis arrivé au Texas, je me suis dit : "Hé, j'aime bien cet endroit."

Je ne le comprends toujours pas et je n'ai pas besoin de le comprendre. Il y a là un espace, une facilité, et j'aime la facilité.

Cela ne se manifeste jamais comme tu le penses, comme cette invitation à cette possibilité et à la vie que j'ai créée.

J'ai tout vendu, tout lâché, tout ce qui ne voulait pas venir avec moi quand j'ai quitté la Californie. Je n'ai même pas tout vendu. J'en ai vendu une partie et j'ai donné la plus grande partie. Cela n'avait même pas d'importance pour moi.

Je savais simplement qu'il était temps de partir, et quand l'invitation est arrivée, j'y suis allé.

Ce qui a conspiré pour me bénir à travers l'univers à partir de ce choix de suivre la lumière et le droit m'a rendu heureux. Et ce n'est pas pour le travail ni pour l'argent que j'ai pris cette décision.

C'était la terre. C'était les chevaux. C'était mon corps. C'était le choix d'une possibilité de relation, et ça a marché, au début. Je ne l'avais jamais imaginé.

"Whoa, c'est donc ce qui se passe quand c'est léger et juste, et que tu le suis", dois-tu penser.

Oui, et la providence se déplace aussi. L'univers conspire à te bénir. Le pire dans ce déménagement, c'est que j'avais un peu déprimé. Parce qu'après avoir déménagé et que tout allait si bien, j'ai dû regarder tous les choix que j'avais faits auparavant et qui n'étaient pas légers et justes pour moi.

Et c'est en partie ce que je fais ici dans les Mensonges de l'argent. Je parle de choses que j'ai vécues. Je ne me contente pas de tirer ça d'un livre, ou d'une prémisse, ou c'est juste accrocheur d'écrire un livre sur l'argent. "Hé, viens me voir. J'ai vos réponses sur les mensonges de l'argent".

Le livre et les ateliers sur les mensonges de l'argent sont ce que j'ai appris et vu en suivant exactement ce que je dis ici, en l'utilisant avec mes clients et en regardant ma vie entière se développer. J'ai vu mon corps, ma santé, mon bonheur, mes flux d'argent, mes cours et mon argent changer.

J'ai des idées qui se développent, des livres que j'ai écrits et auxquels j'ai participé, et d'autres choses qui se font et que je n'aurais jamais cru pouvoir faire. Des choses que je pensais devoir se produire dans 20 ou 30 ans sont en train de se produire maintenant - simplement parce que j'ai dit "oui" à cette possibilité.

Combien de possibilités auxquelles tu as dit "non" et qui auraient été ton "oui" auraient changé tout ce que tu considères comme mauvais dans ta vie en ce moment ?

Alors, voici le plus gros mensonge de l'argent - et je vais vraiment te décevoir et j'en suis désolé.

Le plus grand mensonge de l'argent traite de tes systèmes de croyances et de tes hypothèses sur l'argent, et de ce qu'on t'a dit sur l'argent.

La plus grande partie de mon histoire, telle que je l'ai rapportée ici, a porté sur moi et sur mon "processus" par rapport à ce que cette réalité, ou ma mère, mon père ou qui que ce soit, m'a dit à propos de l'argent.

Mais ce n'est jamais une question d'argent.

Ce petit bout de papier ne signifie rien. Cette chose ici

- ce que tu dis - est la ruine, la destruction et le problème de ta vie.

Nous disons que cela nous donne du bonheur. Ou nous disons que c'est la racine de tous les maux.

Nous disons que nous devons travailler dur pour l'obtenir.

Nous disons que nous n'avons de valeur que si nous en avons, que nous ne valons quelque chose pour quelqu'un que par ce que nous conduisons, ce que nous portons, ce dont nous nous parons et les vacances que nous pouvons prendre. Je ne dis pas que toutes ces choses ne sont pas charmantes, parce que je les aime aussi. Mais combien d'entre vous sont devenus dépendants de l'argent comme étant la cause ou la finalité de votre joie, de votre bonheur ou de votre valeur ?

Alors, serais-tu prêt à abandonner ne serait-ce qu'un pour cent de plus de ton mensonge selon lequel l'argent signifie quelque chose pour toi, que l'argent est ton dieu ou ton gourou, ou que l'argent a quelque chose à voir avec ton estime de soi ?

Serais-tu prêt à y renoncer un pour cent de plus ?

Et partout, tu as fait le coup de la carotte et tu as dit : " Si j'ai juste cette somme d'argent, alors ce sera mieux. Si je fais ceci, je serai heureux. Si j'obtiens cinquante mille dollars, je serai heureux. Si j'arrive à payer le loyer du mois prochain, alors je serai joyeux."

"Si j'ai telle somme sur mon compte en banque, je donnerai un pourboire à cette personne".

"Je ne vais pas donner vingt pour cent parce qu'ils m'ont marché sur l'orteil", mais c'est en réalité parce que tu n'as pas ces vingt pour cent supplémentaires dans ton esprit.

Je vais te raconter un de mes petits trucs.

Chaque fois que je ressens cette constriction ou cette cage autour de l'argent, je donne davantage.

Parfois, il est difficile de donner plus, et parfois ce n'est même pas avec de l'argent que je donne. Parfois, c'est avec de la nourriture ou des vêtements. Je passe par beaucoup de choses - alors que j'avais beaucoup de choses - et j'ai demandé à l'objet de me dire à qui il aimerait aller ? Et l'offrir ou le donner ?

Mes amis m'aimaient. "Je ne veux pas de cette chaise. Je ne veux pas de ce canapé. Voilà pour toi. Prends-le."

Je préfère me passer de quelque chose plutôt que de rester avec quelque chose qui ne me convient plus. Il m'a fallu un certain temps pour y arriver, mais je me suis décidée. J'ai exigé que tout ce qui m'entoure - ce sur quoi je m'assois, que je touche ou que je mets sur mon corps - soit ressenti d'une certaine façon. Il faut que je me sente bien ou que je me sente belle. C'est doux, pas serré.

Oui, je demande à mon corps ce qu'il aimerait porter chaque jour. Quelle couleur, quelle énergie ?

Ce sont les choses qui mentent qui nous font sortir du souvenir - le confort, la facilité, le bonheur.

Alors, je te le rappelle. Tu peux créer de la facilité ; tu n'as pas besoin d'embrasser le mal-être.

19

POURQUOI EN FAIRE UNE QUESTION D'ARGENT ?

Alors, pourquoi en faire une question d'argent ?

Cette réalité aime pointer du doigt. S'il s'agit de l'autre personne dans la relation ou du médecin qui ne t'a pas diagnostiqué lorsque tu as découvert que tu avais quelque chose ou ce qui n'est pas sur ton compte en banque, tu te sens tiré d'affaire.

Mais ce qu'il ne fait pas, c'est changer ta façon d'être avec l'argent.

Serais-tu prêt à changer ta façon d'être avec l'argent, ne serait-ce que d'un degré de plus ? Alors, commençons par ceci, un autre mensonge, le n°2.

Le deuxième mensonge est que ta valeur nette équivaut à ta valeur personnelle.

Alors, dis-moi, comment se fait-il que tu doives avoir de l'argent pour être digne ? Comment se fait-il que le simple fait d'être toi ne te permette pas de t'en sortir financièrement ?

J'y reviendrai dans un instant, mais avant cela, j'aimerais partager une histoire. Lorsque j'ai rencontré Gary Douglas, le fondateur d'Access Consciousness, il faisait de la facilitation sur moi dans un atelier de 7 jours en Nouvelle-Zélande et m'a dit : "Chérie, tu es une salope."

J'ai commencé à pleurer parce que je croyais que c'était mal d'être une salope, et je ne savais pas que je le croyais à ce niveau, ou que je croyais que la raison pour laquelle j'étais maltraitée, c'était parce que j'étais une salope. Je croyais que j'avais fait quelque chose de mal.

Il m'a donc dit : "Chérie, aimerais-tu savoir ce que je veux dire par là ?".

J'ai répondu : "Absolument".

Il te dit : "As-tu un jugement sur quelqu'un ou quelque chose ?".

"Non, pas vraiment".

Et il m'a dit : "Même à travers tous les abus que tu as subis, est-ce que tu as détesté les gens ?".

"Non."

Il m'a dit : "Tu sais que c'est rare et que c'est différent ?".
"Je le sais."

Et il a dit : "Tu peux recevoir de n'importe qui. Et tu peux recevoir n'importe quoi, et c'est toi. Alors, aimerais-tu incarner la salope que tu es vraiment ?".

Et j'ai répondu : "Bien sûr que oui !"

Mais cela a fait basculer mon jugement sur ce que signifiait être une salope parce que, jusqu'alors, c'était lié à mon passé d'abus.

En tant que personne ayant subi beaucoup d'abus, il m'a fallu beaucoup de temps pour permettre à mon corps de jouir, de la tête aux pieds, d'une incarnation orgasmique complète. Et j'ai encore quelques problèmes autour de ça, mais c'est quatre-vingt-dix-neuf virgule neuf pour cent mieux.

Puis j'ai dit : "Mais qu'est-ce qu'une pute ?"

Et il a dit : "Hé, bébé, c'est la pute qui a l'argent".

Et c'est la vérité, car s'il ou elle ne va pas l'obtenir, il ou elle a quelqu'un pour aller le chercher.

C'est ce que je veux être, un récepteur de toutes les bonnes choses.

Je ne dis pas que je dois me prostituer ou être inauthentique. Je ne dis pas qu'il faut tromper les gens ou les tuer. Et ce n'est pas ce qu'il disait ; il me présentait quelque chose de si scandaleux pour m'amener à penser à l'extérieur de ma propre cage de ce que je ne recevrais pas. C'était incroyablement libérateur à ce moment-là.

Je dis que tout ce que nous pensons pourrait détruire notre capacité à créer et à actualiser si nous y attachons un jugement fixe.

Lorsque tu juges quelqu'un, tu remarqueras que ton cœur ou ton corps se resserre, que tu te sens un peu dense ou que tu as envie de reculer.

Combien peux-tu recevoir d'eux ? C'est la même chose avec l'argent.

Plus tu peux recevoir de jugements et plus tu peux en lâcher, plus l'argent circule et plus l'argent liquide entrera dans ta vie, et plus tu recevras ce que tu désires.

Ici, j'ai sauté à pieds joints dans le mensonge n°3 - qui concerne la réception et les jugements dans ta vie.

Je ne dis pas qu'il faut se lever devant la salle et dire : "Tout le monde, pouvez-vous me juger ? Lancez vos fléchettes sur moi".

Alors, toutes les relations que tu ne vis plus et qui ont laissé une empreinte sur toi sexuellement - les relations sexuelles que tu ne vis plus, y compris les mariages qui ont laissé une empreinte sur toi, à propos de leurs points de vue sur l'argent, à propos de leurs points de vue sur toi, à propos de leurs points de vue sur l'argent liquide, à propos de leurs jugements sur toi qui nagent encore dans ta conscience cellulaire, aimerais-tu être énergétiquement divorcé de cela ?

Voudriez-vous dissiper et relâcher cela sur la terre ? Voudrais-tu leur rendre tout ce qui leur appartient avec la conscience qui s'y rattache ? Aimerais-tu libérer tout ton système sexuel de leur réalité ? Et laisser ta sexualité s'épanouir, fleurir ? Avec de nouvelles possibilités ?

Agis maintenant. Fais voler en éclats tes mensonges en te posant des questions qui les déconstruisent.

20

QU'EST-CE QUE TU REFUSES ?

Que refuses-tu d'être lorsque tu mets l'argent dans ton portefeuille et que tu lui demandes ce qu'il aimerait dire, et qu'il te répond : "Tu ne m'aimes pas."

Qu'est-ce que tu refuses d'être pour changer immédiatement cette énergie ?

Qu'est-ce que vous refusez tous d'être avec de l'argent qui, si vous l'étiez - si vous l'aimiez, si vous le frottiez, si vous l'honoriez, si vous le respectiez, si vous l'embrassiez - je me fiche de ce que vous en faites - mais si vous l'aimez, si vous le créez à partir de la joie de la possibilité de qui vous êtes et de ce que vous aimeriez être comme votre réalité, cela viendra.

L'univers conspirera pour te bénir, mais tu dois choisir et t'engager envers toi. C'est ta chance et tu as le libre arbitre.

Engage-toi pour toi - pas seulement parce que je te le dis.

Sinon, tu n'utilises pas ton argent comme une possibilité. Et tu n'utilises pas ton argent comme une possibilité parce que tu n'es pas prêt à être cette possibilité.

Et si tu étais la possibilité qui marche et que c'était ta réalité financière ?

L'un des participants à mes ateliers sur les mensonges de l'argent a déclaré à ce moment-là : "Dans ma famille, l'argent a toujours été utilisé comme une punition.

Mes parents ont divorcé et mon père a puni ma mère en lui prenant tout l'argent parce qu'il l'aimait. Il voulait rester avec elle, et elle ne voulait pas, alors nous nous sommes retrouvés avec elle vivant à Paris, mais dans un minuscule appartement, étant pauvre. C'était après avoir été la fille d'un ambassadeur vivant dans une immense maison dans le meilleur endroit de Paris."

Je lui ai donc posé une question : " Qu'as-tu décidé à propos de l'argent à ce moment-là, à partir de ce que tu as vu avec ta mère et ton père ? ". La vérité ?

Première pensée, meilleure pensée, pas de pensée".

Elle a répondu : "Cet argent était méchant".

"Exactement. Maintenant, je peux partager quelque chose avec toi ?

La façon dont tu viens de parler de ton argent là, "Mais je fais tout" - c'est méchant." J'ai souligné son attitude vis-à-vis de l'argent. Et elle était d'accord.

J'ai continué : " Et c'est pourquoi tout ce que tu veux changer avec l'argent ne change pas, et cela n'a rien à voir avec l'argent.

Cela a à voir avec le fait que tu es méchante et que tu choisis de l'être, tout comme ta mère et ton père l'étaient l'un envers l'autre.

Jusqu'à quel point es-tu prêt à renoncer ce soir à la folie de ce que tes parents t'ont appris sur l'argent ?

Quelle est la dose de folie ? Parce que tu peux entendre quand tu commences à raconter l'histoire, c'était du genre : "Putain de Paris, l'argent, le divorce. Sors-moi de là, sauve-moi, sauve-moi".

Mais la réalité, c'est que nous avons tous une part de folie autour de l'argent.

C'est pourquoi le mensonge n°2 est que notre valeur nette a quelque chose à voir avec notre valeur personnelle. C'est pourquoi nous en faisons une question d'argent, et nous allons à tous ces ateliers sur l'argent où nous pensons que quelqu'un va nous donner la réponse à notre flux.

Eh bien, la réponse n'est pas une configuration ou un calcul, la réponse c'est toi étant toi."

"Es-tu méchant ?" demandai-je, cherchant à comprendre la nature intrinsèque de cet individu.

"Intrinsèquement, cependant, es-tu méchant ? Quand tu étais enfant et que tu regardais ce que faisaient tes parents, est-ce que tu aimais ça ?" J'ai approfondi la question, invitant à réfléchir aux influences de l'enfance.

"Non, j'allais dire que j'étais si méchante, mais, oui", a été l'aveu.

"Attends une seconde... c'est bien", j'ai fait une pause, reconnaissant un moment charnière. "Dis : 'Je suis méchant'."

"Je suis méchant", a répondu le participant.

"Dis : 'Je suis vraiment méchant, putain'".

"Je suis vraiment méchant, putain", a répété le participant.

"Je sais définitivement que je ne voudrais pas être de ton côté, de ce côté méchant parce que tu pourrais me couper en deux, n'est-ce pas ?". J'ai fait une remarque, reconnaissant le potentiel des bords tranchants.

"Oh, oui", a affirmé le participant.

"L'argent vient à la fête pour s'amuser. Il ne vient pas à la méchanceté et au fait d'être découpé en tranches, tout le monde s'enfuira. As-tu fini avec les gens qui te fuient ?" J'ai demandé, orientant la conversation vers une transformation.

Le participant a ensuite révélé une tournure familiale au récit. "Comme mon père ne donnait pas assez d'argent à ma mère, pour se venger, ma mère m'a mis dans les écoles les plus chères du monde pour qu'il ait à payer les écoles et à dépenser l'argent."

" Donc, l'autre mensonge dont j'allais parler ce soir, c'est que l'argent est ton ennemi - l'argent est ton agresseur, pas ton allié, et c'est de cela qu'elle parle ici ", ai-je expliqué, en reliant les points.

"Voudrais-tu renoncer à cela un degré de plus ?" J'ai demandé, offrant l'occasion d'un changement de perspective.

"Oui", a affirmé le participant, signalant ainsi sa volonté de démêler les couches du conditionnement passé.

C'est ainsi que nous avons pu découvrir les mensonges de cette personne, la faisant passer d'un état de confusion et de frustration par rapport à l'argent à la volonté de se transformer, en commençant par un simple changement de degré.

Je pouvais comprendre où elle voulait en venir parce que c'est ce que j'ai vécu. Ma mère utilisait aussi de l'argent sur nous, sans que nous le voulions, pour exprimer sa colère contre mon père. Je ne voulais pas de ces poupées cabbage patch ! J'étais un peu garçon manqué et je ne voulais pas de ces poupées, mais c'était dans les années 80 et c'était très populaire à l'époque, et c'est un bon exemple de dépenses faites par ma mère pour exprimer sa colère contre mon père.

Ma mère en a parlé à mon père et lui a dit : "J'ai besoin de plus d'argent pour cela. Lisa, parle à ton père de da, da, da, da".

Et j'ai dit : "Je n'ai même pas, comme quoi ? Si, j'ai eu des poupées Cabbage Patch, merci papa".

Je suis parti et je suis allé quelque part. "Oh mon dieu, ces gens sont fous. Quelle est cette réalité ?" C'est fou la façon dont les gens utilisent l'argent.

Savait-elle qu'il y avait mieux ? Non, c'était leur dynamique, le ressentiment, le rejet, le regret autour de l'argent.

Veux-tu t'extraire de la réalité de ta mère et de ton père ou de celle de l'agent de police ou du fisc ou de ton ex ?

Et serais-tu prêt à laisser tomber la méchanceté que tu as choisie comme costume, comme personnage, en te basant sur ce dont tu as été témoin.

Juste un degré de plus parce qu'il y a une beauté et une douceur à l'intérieur de toi qui est le vrai toi. Je peux le voir, mais c'est sous cette armure que se cache la méchanceté. Et il n'y a rien de plus douloureux que de vivre comme n'étant pas toi avec cette armure.

Je le sais parce que je l'ai vécu aussi.

Une fois qu'elle aura disparu, que tu t'en seras détaché et que tu seras entré en toi, la providence se déplacera aussi.

21

L'ARGENT TE DONNE LA LIBERTÉ

L'argent te donne plus de liberté et de contrôle, n'est-ce pas ?

Cette réalité en est imprégnée, n'est-ce pas ?

Tu peux le combattre autant que tu veux et créer tous les trucs que tu veux, mais devine quoi ?

Si tu continues à faire ça, tu perdras parce que cette réalité vibre différemment.

Et si tu consacrais toute ton énergie à la recevoir au lieu de la repousser ? Qui serais-tu alors ?

C'est donc un choix.

Crois-moi, tu développes certaines limites lorsque tu as une pile d'argent sur le comptoir chaque semaine et que tu regardes ce qui se passe. Tu développes une incarcération, puis tu crées une incarnation chaque jour.

C'est la même folie, encore et encore, jusqu'à ce que tu oublies que tu as un choix différent, et que ce que tu crées n'est pas qui tu es, jusqu'à ce que tu te réveilles à ce moment-là et que tu dises : "Je refuse de faire ça désormais. Je suis moi."

Cette participante à un atelier a mis à nu une relation particulière avec l'argent, montrant une aptitude à générer des fonds rapidement mais se débattant avec l'aspect moins agréable du remboursement. Désireuse d'approfondir la dynamique sous-jacente, j'ai demandé : "Qu'est-ce que tu aimes dans le fait de détester rembourser les gens ?"

"C'est comme si une fois que je les avais remboursés, ils pouvaient s'en aller", a avoué le participant. J'ai reconnu l'émergence d'un schéma et j'ai approfondi la question : "Est-ce que ça a quelque chose à voir avec l'argent ?"

"Non", a été la réponse, affirmant le détachement de l'aspect financier.

"Le mensonge n° 1 en action", ai-je fait remarquer, en soulignant le décalage entre le problème perçu et ses racines réelles. Encourageant le participant à exprimer le schéma, je lui ai demandé : "Répète-le : "Alors, quand je les rembourserai...".".

"Quand je les rembourserai, alors ils pourront s'en aller", a réitéré le participant.

"Et s'ils s'en vont, que se passera-t-il alors ?" J'ai continué, en démêlant les couches.

"Ensuite, je les perds", a reconnu le participant.

"Et si vous les perdez, qu'est-ce que cela signifie pour vous ?" J'ai sondé, en guidant le participant pour qu'il réfléchisse aux implications plus profondes.

"Que personne ne m'aime", fut la réponse révélatrice.

"Et si personne ne t'aime, qu'est-ce que cela signifie pour toi ?" J'ai insisté davantage, en approfondissant les croyances fondamentales.

"J'ai un blanc", a admis le participant, atteignant un point d'incertitude.

"Bien, parce que maintenant nous arrivons à un endroit que tu ne connais pas". J'ai observé, reconnaissant l'émergence d'émotions inexplorées.

"Qu'est-ce que tu aimes dans le fait de ne pas avoir de gens autour de toi, et de pouvoir être seul et n'être rien ?". Je me suis renseignée, visant à mettre en lumière les motivations cachées.

"Alors je peux faire ce que je veux", a révélé le participant, mettant en lumière un thème récurrent.

"Alors, cela a-t-il un rapport avec l'argent ?" J'ai posé la question, suscitant une réflexion sur le lien entre les schémas observés et les expériences financières du participant.

Non, mais elle l'a projeté sur l'argent, alors sa devise était d'être seule et de faire ce qu'elle voulait. Elle a dû projeter tout cela sur l'argent, toute cette dynamique d'arriver au dernier moment avec toute la grande catastrophe et le drame et d'obtenir de l'argent et d'emprunter et d'avoir des gens qui lui en donnent, et ensuite de devoir les rembourser. Elle a freiné pour garder le contrôle.

Choisis peut-être de le faire avec des vêtements plutôt qu'avec de l'argent.

C'est comme si tu disais : "Laisse-moi prendre la chose même sur laquelle cette réalité se concentre et fonctionne et créer une telle lutte, un tel drame et un tel traumatisme à ce sujet pour que je ne puisse jamais vraiment aller au-delà, et ne jamais entrer en relation avec elle, et ne jamais être un allié avec elle, pour que je puisse toujours être en lutte avec la chose même sur laquelle cette réalité pulse. Santé !"

Combien d'entre vous font la même chose ? Tu veux plus de contrôle, plus de pouvoir dans ta vie, mais tu ne fais que le projeter sur tes finances. Cela aussi, c'est de l'exploitation financière. Et tu dois reconnaître ton comportement et t'efforcer de le transformer.

22

QUELLE EST LA BONNE RÉPONSE ?

Quand mon père est mort, il m'a laissé un désordre à nettoyer - un désordre au-delà des désordres - et je suis encore en train de faire le ménage. Dieu merci, c'est presque terminé.

Cependant, il a dit très clairement de son vivant : "Je veux que vous l'ayez tous et que vous l'utilisiez, et j'aimerais beaucoup que vous l'utilisiez tous et que vous l'ayez, et comment puis-je vous soutenir ?"

C'est lui qui a élaboré le plan. Nous n'avons tout simplement pas écouté.

Mais il avait un problème - il ne pouvait rien avoir.

Il devait le donner à tout le monde. Il l'a donné à ma mère, il me l'a donné à moi, à mon frère et à ma sœur.

Il a payé le mariage de beaucoup de mes cousins. Il a payé les mariages d'autres personnes.

Il était juste un tel donneur, excessivement généreux, mais c'était parce qu'il ne pouvait pas croire qu'il valait la peine d'avoir quoi que ce soit.

Mais que signifie avoir de l'argent dans cette réalité ?

Certains d'entre nous pensent que si tu as de l'argent, tu es en sécurité. Eh bien, je connais beaucoup de gens qui ont de l'argent, et il leur arrive encore des choses terribles.

Et si tu n'as pas d'argent, tu n'es pas en sécurité ? Eh bien, je connais beaucoup de gens qui n'ont pas beaucoup d'argent et il n'y a rien qui cloche dans leur vie. Ils sont tout simplement heureux.

Ainsi, ces choses que les gens projettent sont toutes des intimations, des jugements et des points de vue conçus pour te contrôler et te configurer selon le point de vue de quelqu'un d'autre.

Lorsque tu t'adaptes à la vision de quelqu'un d'autre, quelle est ta place ?

Tu ne le fais pas.

À quel point as-tu abdiqué de ta réalité financière pour t'adapter à cette réalité financière ? Es-tu de ceux qui veulent épargner pour les mauvais jours ? Est-ce que c'est une bonne chose d'épargner pour les mauvais jours ?

Quelle est la bonne réponse ?

Lorsque j'ai animé mon atelier sur les mensonges de l'argent en Floride, c'était formidable, et tout le monde n'arrêtait pas de demander "alors, quelle est la bonne réponse ?". J'ai trouvé ça drôle et je me suis demandé si c'était un truc de Floridien. Connaître la bonne réponse.

C'est une bonne et une mauvaise chose de penser ainsi. Parce que je vais te dire, je suis probablement la pire personne à consulter si tu cherches la bonne réponse. Je vais te rendre fou - il n'y a pas de bonne réponse. Ce qui compte, c'est ce qui est vrai, léger et bon pour toi.

C'est donc une bonne chose d'être curieux au sujet du droit et de la lumière, mais ce n'est pas quelque chose d'universel et d'objectif. Le droit et la lumière sont subjectifs et uniques pour chacun d'entre nous.

C'est comme le système scolaire de ce pays qui dit : "Tu obtiens cette réponse, tu la fais entrer dans la case, tu as un A. Si tu te trompes de tant, tu as un B, si tu te trompes de tant, tu as un C, si tu te trompes de tant, tu as un D."

Ou, si tu es en géométrie comme moi, tu échoues à plusieurs reprises et tu prends un tuteur jusqu'à ce que tu réussisses, n'est-ce pas ?

C'est cette réalité. Tu dois avoir la bonne réponse pour aller de l'avant.

Ce n'est pas différent que d'avoir besoin d'avoir de l'argent pour avoir de l'estime de soi, être quelque chose de mieux.

Alors, pour en revenir à l'idée d'épargner pour les mauvais jours. Qui nous a enseigné cette idée ? Eh bien, nous n'avons plus trois, quatre ou sept ans, et nous oublions que nous pouvons choisir ce qui est léger et juste pour nous.

Ces poupées Cabbage Patch... on m'a déjà posé des questions à leur sujet ?

Non, je voulais GI Joe, bon sang !

J'aimais Superman, j'aimais jouer au foot, j'aimais aller en ville.

J'ai fait du mannequinat pour enfants en ville, mais je ne voulais pas faire du mannequinat. J'aimais bien le voyage en hélicoptère, mais le mannequinat était nul parce que tu devais rester debout et mettre ce qu'ils voulaient que tu mettes.

Il n'y avait pas le choix.

Ma mère le voulait, ils le voulaient. Tu te lèves, tu le fais. C'est la raison pour laquelle de nombreuses personnes sont atteintes de maladies mortelles, que tant de relations se terminent de façon horrible et que les gens ont des problèmes d'argent - parce que nous choisissons tous de créer notre vie en fonction de quelque chose ou du point de vue de quelqu'un qui est en fait un mensonge pour nous.

Et je dis : " ROAR®. Pas plus." Sois le grondement.

Sois le tsunami, le tremblement de terre.

Soyez le flux qui modifie la réalité physique rien que par votre présence. Dis "oui" quand tu veux dire oui, "non" quand tu veux dire non.

Arrête de croire que l'argent est à l'origine de tous tes problèmes. Arrête de croire tout ce qu'on t'a dit sur l'argent. Dis-toi simplement : "Bon sang, si telle est ma réalité financière, que ferais-tu ?

Je choisis ? Si je vivais ma réalité financière aujourd'-hui, qui serais-je ?"

Parce qu'alors, au moins, tu sais que tu es dans le présent. Suis-je en train de dire qu'il ne faut pas économiser ?

Non.

Je te dis de ne pas incarner, configurer, aligner, accepter, résister ou réagir à tout ce qui n'est pas ton "Oui" - qui est léger, juste et amusant pour toi.

Sois toi-même, au-delà de tout et crée de la magie.

23

BRILLANT AVEC L'ARGENT

Il te suffit de poser une question - c'est tout.

Je suis comme un chien avec un os quand il s'agit de facilitation. J'aime le démonter, le déchirer à gauche et à droite, et dissiper le problème - et te faire sortir de là le plus vite possible pour aller vers quelque chose de nouveau.

Commençons donc ce chapitre par quelques questions supplémentaires.

Aimerais-tu avoir plus d'argent ?

Aimerais-tu avoir moins d'argent ?

Es-tu issu d'une famille très riche ?

Est-ce que tu viens de familles vraiment en difficulté, conflic-tuelles en ce qui concerne l'argent ?

Dans mes ateliers à travers le monde, la plupart des gens lèvent la main sur cette dernière question. Tout le monde vient d'un conflit, d'une lutte ou d'une situation problématique à propos de l'argent. C'est ce qui constitue la majeure partie de l'expérience, de la définition, de la perspective et de la compréhension de cette réalité en ce qui concerne l'argent.

Il est temps d'ouvrir la porte à une nouvelle possibilité.

Le sujet de l'argent est associé à beaucoup de projections, de jugements, de séparations, d'attentes, de ressentiments, de rejets et de regrets. Ces énergies autour de l'argent colorent ce qu'est l'énergie de l'argent.

De mon point de vue, l'énergie de l'argent est liée à la liberté, à l'expansion et à la conscience. Il s'agit de la lumière, de la plénitude et de la liberté du don unique et de la capacité que tu as d'être dans le monde, et d'être cela dans le monde et de faire tout ce que tu fais, tout ce que tu aimes faire et qui est facile et amusant pour toi. Et, surtout, que tu sois dans le monde où les personnes qui ont les qualifications uniques pour travailler avec toi viennent à toi, te reçoivent, et que tu les reçoives et collabores en leur nom.

Avoir de l'argent, c'est la liberté et la possibilité expansive de changer cette réalité en fonction de ce qui est léger, juste et amusant pour toi. Que voudrais-tu être et faire si tu avais tout l'argent que tu désires ?

Que choisirais-tu ?

Ce que j'ai découvert dans ma vie, c'est qu'il m'est facile de générer et de créer de l'argent. Il m'a été difficile, jusqu'à ces deux dernières années, d'avoir de l'argent et de me permettre d'en avoir de façon constante et continue avec des investissements, des voyages, du plaisir, de l'amusement et d'aller partout dans le monde.

Donc, générer et créer était facile pour moi, mais avoir, garder, était quelque chose que je devais cultiver. C'est là que mon premier mensonge sur l'argent m'est apparu - que je ne pouvais que générer et créer, mais pas avoir. Est-ce que j'ai créé cela moi-même ?

Non. J'imitais la réalité de mon père.

Mon père était un pauvre type élevé par un alcoolique, qui s'est fait tout seul et qui est devenu multimillionnaire, mais il a tout gaspillé parce qu'il m'a toujours dit : "J'étais un pauvre garçon de Brooklyn. Je n'ai jamais espéré gagner quoi que ce soit. Je ne l'ai jamais mérité. Je n'avais personne. Personne ne m'a jamais témoigné de la gentillesse, et tout ce que je veux, c'est que vous (mon frère, ma sœur, ma mère et moi) ayez tout ce que vous voulez pendant que vous êtes en vie. Je veux que tout soit dépensé avant ma mort parce que je ne le mérite pas."

Il ne pouvait rien avoir pour lui, mais il pouvait donner n'importe quoi de lui à n'importe qui. Il était donc très généreux. Chaque fois que nous allions aux matchs, je disais : "Papa, viens t'asseoir avec nous. Viens ici."

"Non, vous vous amusez bien les enfants. Moi, je m'amuse beaucoup. J'aime que vos visages soient heureux", disait-il. Il prenait des photos et faisait tout ce genre de choses. Il y avait juste cette tristesse que c'était génial de l'avoir là et de faire tout ça mais, en tant qu'enfant, je désirais vraiment l'avoir là, pour profiter d'autre chose que des "high five" d'un but ou d'une touche ou, "Hey, on a besoin d'une bière" ou "Hey, on a besoin d'un hot-dog".

Quelle que soit l'énergie que tu choisis de ne pas avoir, mais que tu sais pouvoir créer et générer, c'est une double contrainte. Le point central de cette double contrainte est l'argent. D'un côté, on dit : "Je ne peux pas avoir. Je ne mérite pas d'en avoir. Je ne suis pas assez bon pour en avoir" ou une version de cette phrase. De l'autre côté, il y a "Je désire que tu aies".

"Qu'est-ce que je peux te donner d'autre ? Laisse-moi faire ceci. Laisse-moi faire ça."

J'ai grandi à New York et je suis allée à l'école dans le Connecticut. Mes amis venaient chez moi et nous rentrions ensemble à l'université. Leurs pères leur disaient : "Voilà tes 20 dollars", et mon père leur répondait : "Voilà quelques centaines ?".

J'en étais tellement gêné que je n'avais aucune idée de la façon de le conserver ou de l'utiliser. C'était l'expérience la plus aléatoire qui soit. C'est vraiment une belle histoire. J'aime parler de lui parce que c'est juste en bas de la rue que j'ai répandu ses cendres. C'est la raison pour laquelle j'aime retourner à San Francisco.

J'ai vécu à San Francisco pendant plus de vingt ans. J'y ai eu une clinique et un cabinet pendant de nombreuses années. C'est un endroit très significatif pour moi, et c'est la première fois que je suis aussi près de l'endroit où j'ai laissé ses cendres. C'est très beau d'être ici.

Quoi qu'il en soit, j'ai dilapidé beaucoup d'argent. J'étais la reine des mensonges de l'argent.

Je pensais que c'était "faire les choses en grand ou rentrer à la maison". C'est l'une des choses qu'il m'a apprises à mon détriment.

Une autre chose est que, chaque fois que je lui demandais de l'argent, ou comment en créer, il disait : " Très bien, Lisa. Rappelle-toi ce que je t'ai dit. Fais ce que tu aimes... Et, pendant que je te parle, ne te marie pas non plus. Mais si tu le fais, ne fais pas le truc des opposés qui s'attirent parce que ça ne marche pas."

J'ai dit : "Merci papa".

Le fait est que lorsque je lui posais des questions sur l'argent, il se contentait de donner. Pendant des années, je n'ai jamais appris à avoir de l'argent moi-même, ni à en générer et à en créer, même s'il m'a répété à maintes reprises que ce n'est pas seulement un monde d'hommes, qu'il faut être son propre patron.

Il a eu une telle influence sur ma vie, et quand il est parti, c'était un peu décevant. Il a fait cette autre chose bizarre avec l'argent, qui était une double contrainte. Tu peux créer tout ce que tu désires, mais je suis la source. Il n'a pas dit ça, mais c'est ce que j'ai interprété, modelé et généré. Il m'a fallu beaucoup de temps pour assurer mes arrières sur le plan financier.

Faisons un pas vers les possibilités infinies, la multiplicité des possibilités qui se présentent à toi, qui sont légères et justes, et pour dire "non" quand quelque chose se présente à toi et que tu sais que c'est un mensonge.

24

POINTER DU DOIGT

Nous avons fait cet exercice à de multiples reprises dans ce livre, et je veux que tu y réfléchisses une fois de plus. À chaque fois, je t'ai demandé d'imaginer que tu allais suivre une thérapie de couple avec ton argent, que pensais-tu dire ?

Tu ne fais pas ça !

Tu ne fais pas ça !

Tu fais ceci ou cela !

Eh bien tu vois le premier mot que tout le monde imagine en thérapie de couple ? "Toi !"

Tu sais que lorsque tu pointes du doigt, tu dévalorises et renies ce qui est vrai en toi. Cela crée ce jugement que tu projettes à l'extérieur de toi.

Si quelqu'un n'est pas heureux dans une relation, tu devrais peut-être relire cette partie.

Lorsque tu pointes du doigt, tu juges. Et lorsque vous jugez, vous prenez vraiment ce qui vous appartient, vous ne le gardez pas comme votre vérité et vous n'en faites rien pour le changer. Tu le mets sur l'argent, la personne, la relation, le travail, l'entreprise, peu importe.

À quoi sert-il d'accuser quelqu'un d'autre de ce que tu fais toi-même ? Probablement pour que tu n'aies jamais à t'interroger sur toi-même et sur ce que tu fais ? Tu n'as jamais besoin de changer ce que tu fais, donc tout peut rester identique à ce que tu fais et à ce que tu es en train de faire. Tu peux toujours avoir la même histoire : "J'ai beau essayer, rien ne marche jamais pour moi. J'ai essayé."

Tu as un agenda secret ou un mensonge pour que tes croyances en matière d'argent restent les mêmes sans les remettre en question, et que tu n'atteignes jamais le miroir, c'est-à-dire toi. Au lieu de cela, tu joues à un jeu de blâme sans fin et sans retour.

Permettez-moi maintenant d'en dire un peu plus sur le deuxième mensonge de l'argent : "qu'est-ce que vous êtes ? Pour moi, c'était de ne pas avoir d'argent, de me gaver et de me purger, en utilisant mon père comme source en grandissant.

Je me souviens de l'époque où je vivais en Arizona et où j'obtenais ma maîtrise. Je dirigeais un centre de traitement résidentiel où je gagnais 30 dollars de l'heure. À l'époque, ma façon d'entrer en contact avec l'argent et les gens était de dire : "Je paie. Sors de là."

Et je mettais de l'argent au centre de la table - pas seulement un billet de 100 dollars - et nous sortions jusqu'à ce qu'il n'y ait plus d'argent.

Qu'est-ce que j'étais ?

Je devenais mon père sans même le savoir.

Ensuite, j'ai commencé à m'intéresser de près à sa psychologie, parce que le seul moyen que j'avais de me connecter était l'argent. Si je n'avais pas d'argent, personne ne voudrait sortir avec moi, être ami et simplement être avec moi. Quel système de croyance insensé et insidieux !

Personne ne m'a dit cela. Je l'ai créé parce que c'est ce que mon père m'a intimé à sa façon. Il pensait qu'il n'était pas aimable. Il pensait qu'il ne méritait rien. Et c'est ce que j'ai pensé aussi, encore et encore et encore et encore pendant des années. C'était comme ça jusqu'à ce que quelque chose se produise.

Je me souviens très bien de ce jour-là.

Le jour où j'ai vu ce zéro sur le compte en banque.

J'ai paniqué. J'étais en état de choc et je n'avais personne à appeler parce que j'étais trop gênée pour appeler mon père après tout l'argent qu'il m'avait donné. Je n'allais certainement pas appeler ma mère parce que je savais que cela se terminerait par une litanie de jurons italiens et au-delà.

Qu'est-ce que tu es ?

J'étais mon père, encore et encore. Ensuite, je me suis sentie seule, même lorsque nous faisions la fête ou autre chose. Ce n'était plus amusant parce que je n'étais pas moi. J'étais lui, et tu ne peux être quelque chose que deux ou trois fois avant que les circuits de ton esprit ne s'éteignent et que tu ne puisses plus t'en servir. C'est la même chose avec les dépendances. Tu arrives à un certain niveau, mais l'euphorie disparaît et tu dois passer au niveau suivant. Ton niveau de tolé-rance change.

Tu as besoin de plus, tu as besoin de plus et tu as besoin de plus. J'ai décidé, heureusement, que ce dont j'avais le plus besoin, c'était de découvrir qui j'étais et qui j'étais. Je devais choisir de ne plus être lui. Et cela a entraîné toute une série de problèmes. Devais-je renoncer à son amour des affaires ? Son amour des affaires était-il sain ? Et s'agissait-il vraiment de mon amour des affaires ou de ce que j'imitais de lui ?

Était-ce son amour de l'argent ou mon amour de l'argent ? Est-ce que j'étais dans la banque et dans une école de commerce à l'université à cause de moi ou de lui ? Devrais-je faire de la psychologie ou travailler dans les affaires à New York comme ma famille, n'est-ce pas ?

Cela n'arrivera jamais. Je me souviens d'avoir regardé par la fenêtre de ma chambre tout le monde - femmes et hommes - se rendre au train parce que j'habitais juste à côté de la gare. Et devine quoi ? Personne ne souriait au travail. Je me suis promis de ne jamais vouloir créer un mode de vie dans lequel je ne serais pas heureuse de faire mon travail ou qui ne m'enthousiasmerait pas tous les jours.

Qui étaient-ils ?

Une fois, dans mon atelier, la conversation s'est orientée vers la stabilité et la prévisibilité, un participant ayant révélé qu'il incarnait ces traits de caractère. Nous avons cherché à savoir d'où venait cette croyance, et elle remontait à sa mère. La stabilité et la prévisibilité donnent l'impression d'être connues et sûres, avec un budget fixe et clair.

En creusant davantage, nous avons découvert que cette croyance était enracinée dans le moi de huit ans du participant. Elle s'était formée à l'époque et le participant s'y accrochait encore. Nous avons réalisé que le participant avait obligé son moi plus jeune à gérer sa réalité financière. Nous avons examiné les avantages et les inconvénients de cette approche. Et il est certain que personne ne voudrait qu'un enfant gère ses finances.

La conversation s'est donc orientée vers la libération de cette obligation, en accordant à l'enfant de huit ans une indemnité de départ sous forme de plaisir, de liberté et de responsabilité d'adulte. L'énergie de la pièce s'est éclaircie à mesure que le participant embrassait la perspective d'un nouveau point de vue sur l'argent, un point de vue qui lui donnait du pouvoir.

Sous la façade de stabilité et de prévisibilité de l'approche financière de leur mère, nous avons découvert un courant sous-jacent de peur et d'anxiété. La participante avait intériorisé ces émotions sans le savoir, les qualifiant à tort de sécurité.

Cette prise de conscience a entraîné un profond changement de perspective - se libérer des ancrages financiers de l'enfance. Le participant a commencé à comprendre que sa réalité financière n'était pas aussi désastreuse qu'il le pensait. Cela a marqué un moment de transformation, ouvrant la possibilité d'une relation plus saine avec l'argent.

Alors, demande-toi ? Est-ce que tu laisses l'enfant que tu es diriger ta banque ? Ou est-ce toi qui es aux commandes ?

25

BRILLER AVEC L'ARGENT

Et si tu sortais d'ici sans rien d'autre que toi et l'espace d'être toi ?

Si tu avais une baguette magique - et que tu étais toi-même, que choisirais-tu maintenant ?

Est-ce que tu ferais ton budget, ou est-ce que tu demanderais à quelqu'un de venir collaborer avec toi et de te montrer quelque chose d'amusant pour lui ?

J'ai trouvé cette femme qui aime les chiffres et qui me parle en chiffres. Elle m'explique clairement tout ce qui concerne mes comptes et tout le reste, et elle m'a mis au courant de tout ce qui concerne QuickBooks en ligne. C'est génial. Cette constriction vient de s'ouvrir.

Et je commence à me sentir tellement générative en sachant qu'elle s'occupe de tout pour moi et que je peux lui en parler. Alors, quand elle me demande quelque chose, je me dis : "Oui, c'est là", ou quand elle me dit : "Regarde ça", je me dis : "Oui, faisons ça".

Il y a cette excitation, alors qu'après la mort de mon père et le fait qu'il ne soit plus ma source, j'étais totalement terrifiée. Je ne savais pas quoi faire. Je devais créer ma propre réalité financière, pour la première fois.

Aujourd'hui, je suis heureuse d'être là où je suis, guidée par la bonne énergie.

Je sais tout de suite quand c'est un "Non, dégage, je ne te rappelle même pas".

Je sais quand il y a une ouverture et que je me dis : "C'est mon truc. J'ai besoin d'elle ou de lui".

Tu sais ce que je veux dire ? Je le sais maintenant. Je ne le savais pas à l'époque parce que j'étais sous le système de croyances de mon père.

Donc, si après avoir lu ceci, tu te sens un peu plus léger, plus expansif et plus libre, c'est super. Si tu te sens mal et que tu sors d'ici en pensant "Oh, merde. J'ai des choses à faire", c'est super parce qu'au moins, tu reconnais les mensonges.

Qui es-tu ? Qu'est-ce que tu es ? À quel(s) mensonge(s) crois-tu ? Rappelle-toi que le qui est généralement quelqu'un, le quoi est une énergie. Et le mensonge est une croyance inculquée par cette personne ou cette énergie que tu perçois encore comme vraie.

Il y a aussi beaucoup de barrières culturelles qui empêchent de mettre de l'ordre dans ta réalité financière. Permettez-moi de vous faire part d'une autre interaction lors de mon atelier sur les mensonges de l'argent. Nous parlons d'argent et l'ambiance devient intéressante. Soudain, un participant russe a lâché cette bombe : "C'est mal d'avoir de l'argent". Nous avons décidé de jouer avec cette phrase, en la prononçant en anglais puis en russe. Étonnamment, la version russe semblait plus légère, plus excitante.

Nous avons cherché à savoir comment les points de vue culturels influençaient les croyances en matière d'argent. Il s'est avéré que les participants avaient l'impression d'être plus libres en Russie. Puis, nous avons découvert quelque chose d'important : l'idée que le "mal" n'est rien d'autre que "vivre" épelé à l'envers. Nous étions sur la bonne voie.

Le participant a parlé de la négativité autour de l'argent dans sa communauté russe. C'était frustrant. Nous avons exploré la croyance selon laquelle l'argent est mauvais et nous avons découvert un conflit profond. Ils ont réalisé qu'ils étaient coincés à justifier le fait de ne pas vraiment vivre, comme leur mère, et ce n'était pas cool.

Cette discussion a mis en évidence l'enchevêtrement des croyances monétaires, de la culture et des expériences personnelles. Mon travail consistait à poser des questions qui les faisaient réfléchir. L'objectif ? Les aider à voir l'argent sous un jour nouveau et valorisant.

Ce conv a montré que remettre en question ce que tu penses de l'argent peut te libérer. C'est un voyage vers une meilleure relation avec la richesse. Et il a prouvé que changer la façon dont tu vois l'argent peut t'ouvrir des portes vers plus d'abondance et de bonheur.

En repensant à notre discussion, je me rappelle pourquoi je suis ici - pour aider les gens comme le participant à se libérer des vieilles mentalités liées à l'argent et à s'engager dans un avenir plus brillant et plus excitant.

Combien de ces croyances as-tu entendues ? L'argent est mauvais ? Tu ne peux pas dépasser ta position dans la vie ? Si tu gagnes plus que ta famille, tu seras banni ou exilé ? Ou que tu ne seras plus aimé si tu as plus que tes amis ou ta famille ?

Et dans quelle mesure ce que tu fais, c'est abdiquer ton sens des finances pour quelque chose qui n'est même pas toi ?

Parce que si je te demandais cela, au-delà de ton esprit et de tes comptes en banque réels, sais-tu que tu es brillant avec l'argent ?

Quelqu'un ne le sait pas ? La vérité ?

Ce n'est pas grave, tu ne vas pas avoir d'ennuis. Dis : "Je suis brillant avec l'argent".

Et si tu hésites, quand as-tu cessé d'être brillant ? Qui es-tu lorsque tu as arrêté ? Qu'est-ce que tu es ? Qu'est-ce que tu es quand tu t'es arrêté ? À quel mensonge crois-tu ?

Car voici ce qu'il en est . Si tu as été brillant avec l'argent à un moment donné, tu es toujours brillant avec l'argent à l'heure actuelle. C'est juste caché.

Cela ressemble un peu à une théorie du complot, mais c'est juste une façon d'ordonner ta réalité et de te maintenir à terre. C'est ce que fait cette réalité. Elle te met dans une boîte et se débarrasse de toi. C'est comme les jouets d'enfant avec lesquels tu jouais quand tu commençais à apprendre les cercles et les carrés, et que tu prenais le cercle et essayais de le claquer dans le carré. C'est comme "l'argent est mauvais" et "je ne suis pas doué avec l'argent". Et tu continues à le dire encore et encore, mais le cercle ne va jamais dans le carré parce que tu es le cercle. Le cercle entre dans le cercle parce que tu es brillant. Tu es un cercle.

Ça te paraît logique ? Alors, es-tu brillant avec l'argent ?

Oui ? et renoncerais-tu à un degré de ce que tu as choisi de ne pas être ?

Quelle que soit l'émotion qui t'abandonne, surfe dessus comme sur une vague dans l'océan. Respire par la bouche. L'émotion, c'est de l'énergie en mouvement.

Je travaille avec un brillant négociant en bourse qui gagne des tonnes et des tonnes d'argent en Australie. Puis il s'est passé quelque chose et il a fait un mauvais "choix" et, par la suite, tous ses choix ont été mauvais, au point qu'il a presque tout perdu et qu'il a dû partir, prendre six mois de congé et faire tout un travail personnel pour retrouver sa confiance.

C'était dévastateur - dévastateur pour lui et sa femme. Ils étaient tous deux commerçants et, instantanément, ils ne pouvaient même plus entendre ou percevoir leur éclat. Il n'y en avait plus.

Lorsque quelque chose comme ça arrive, pour une raison ou une autre, parce que l'histoire n'a pas d'importance, et que tu commences à choisir sans cesse l'antithèse de ce que tu es, tu commences à croire à l'antithèse de ce que tu es. Tu oublies que tu as gagné un million de dollars ou que tu as réussi. Pas seulement avec l'argent, avec tout. Et pour moi, c'est le plus grand abus de cette réalité.

Il prend tout ce qu'il y a d'extraordinaire dans le simple fait d'être toi, le déforme et l'abâtardit pour en faire quelque chose d'autre qui ne te ressemble même pas. Puis tu te regardes dans le miroir et tu te dis : "Qui es-tu, putain ?". Puis tu te dis : "Oh, oui, c'est bien moi. Laisse-moi ramper dans mon trou. Je vais vivre dans un pays pathétique".

Il n'est pas nécessaire de passer vingt ans en thérapie avec ces outils. Crois-moi, je sais que je me suis débarrassé de certaines choses. Je sais ce que c'est que de regarder des choses que tu ne veux plus jamais regarder, sentir ou goûter.

Pourtant, je sais que, lorsque je regarde, je suis responsabilisée parce que je peux maintenant totalement avoir un choix clair et conscient. On peut choisir d'ignorer ou d'oublier ce choix, mais cela n'enlève pas le pouvoir de choisir.

Est-ce que ce sera toujours amusant ? Non.

Est-ce que cela aura parfois un goût de bile ? Oui. Est-ce que le goût de la bile ne durera qu'un temps ? Oui.

Tu n'as pas besoin de passer vingt ans de plus à être ce que tu n'es pas et à créer l'anti-tu. Tu peux passer aujourd'hui et chaque jour à partir de maintenant à être toi. Être toi, le vrai toi, l'empreinte de ton âme - cette brillance est intrinsèque à chacun d'entre nous.

Serait-il possible que ton corps ne soit plus le réceptacle des jugements des autres sur leur manque de volonté d'avoir de l'argent ? Dis oui à voix haute si c'est le cas...

Alors, quand les gens font ça autour de toi et que tu sens qu'ils te zigouillent, tu peux te dire : "Arrête de me mettre tes conneries sur le dos, c'est moi qui choisis ma réalité financière."

C'est comme le bouclier de ton super pouvoir.

Ne désavoue jamais, jamais, jamais ce qui t'a été donné et ce que tu as créé pour toi. Avoir dans cette réalité est une capacité à recevoir, surtout avec l'argent, à un niveau auquel la plupart des gens aspirent et qu'ils n'atteignent jamais.

Nous avons besoin de plus d'êtres comme toi pour recevoir et réaliser un monde débarrassé des abus - y compris des abus financiers.

Alors, continue à avoir de l'argent et à permettre aux gens, comme tes amis, de vraiment connaître, être, recevoir et percevoir la différence et la capacité unique que tu es. C'est un cadeau.

Ma compagne vient de l'argent, elle gère de l'argent et elle en a beaucoup. Elle n'a jamais, jamais, jamais été sans argent.

J'avais mon père et nous avions de l'argent, mais j'ai toujours travaillé pour gagner de l'argent. Je travaille depuis que je suis jeune. Il y avait aussi beaucoup d'abus, beaucoup d'histoires.

J'ai une histoire de mannequinat avec l'argent qui était pleine de choses pornographiques dans l'agence pour laquelle je travaillais. C'est une histoire trop longue pour la raconter maintenant, mais j'avais beaucoup de choses concernant l'argent et le fait d'en avoir. Je n'en voulais pas parce que c'était associé à l'abus et à des choses comme ça. J'étais payée pour faire quelque chose pour lequel je ne voyais jamais l'argent.

Le fait d'être avec elle et d'apprendre à avoir de l'argent, d'être le témoin pragmatique d'un génie, a infiltré ma réalité d'une manière qui m'a permis de penser, de sentir, de savoir, d'être et de recevoir plus d'argent - et de mieux prendre des décisions concernant l'argent, simplement en étant en sa présence et en étant témoin et observateur, même au point de me dire : "Je ne vais pas prendre le Wi-Fi dans un avion parce que c'est 7 $ de plus."

Et je me dis : " D'accord, si quelqu'un qui a de l'argent ne veut pas faire ça, qu'est-ce que c'est ? Vraiment, qu'est-ce que c'est ?" Ce n'est pas un jugement - pas du genre "Elle est pénurique".

Il faut vraiment que j'examine tout cela et que je me dise : "Bon, est-ce que j'ai besoin de voyager partout en première classe ou en classe affaires ? Est-ce que mon corps aime ça ?"

C'est juste toutes ces choses différentes que j'ai apprises grâce à elle.

Alors, qui serais-tu maintenant que tu sais que tu peux créer ta réalité financière ? Qui serais-tu ? Que ferais-tu et combien générerais-tu et créerais-tu ? La vérité ?

Lorsque tu poseras ce livre aujourd'hui, écris 25 choses sur ce qu'est ta réalité financière. Puis crée cette réalité tous les jours pendant les trente prochains jours. Prends une mesure pour la créer pendant les trente prochains jours. Prends une autre action, crée-la pour les trente prochains jours.

Soyez vous, engagez vous, choisissez vous et collaborez avec l'univers qui conspire à vous bénir, puis créez à partir de là. C'est ce que j'appelle la vivacité radicale. Tu peux en apprendre davantage à ce sujet dans mes deux autres livres - *Radicalement vivant au-delà de la maltraitance* et *Créer après la maltraitance.*

26

BRISE LES MENSONGES SYSTÉMIQUES

Tout comme nous racontons tous ces mensonges au niveau individuel, nous ressentons également des mensonges au niveau des systèmes. Il est intéressant de noter que l'un des participants à mon atelier de San Francisco a fait remarquer ,

"Il y a un mensonge quand vous êtes dans le système du dollar américain. Nous avons besoin d'argent et nous utilisons de l'argent, mais la monnaie qu'ils créent et qu'ils continuent d'imprimer à cause de la Réserve fédérale et du Trésor est en fait une fraude perpétrée contre nous, parce qu'elle endette notre avenir et celui de notre prochaine génération. Les dépenses sont incontrôlables. Nous sommes endettés à hauteur de milliers de milliards de dollars.

Quel est le lien entre l'énergie et le fait que nous recevions des dollars en papier pour notre travail, un billet à ordre, mais c'est un mensonge. En 1971, elle était liée à l'étalon-or. Mais ils ont perturbé cela et imprimé de l'argent comme personne ne le fait, et maintenant nous sommes à un point du monde où..."

Je savais ce qu'elle disait, il y a beaucoup de vérité là-dedans. Mais le point d'inquiétude était de savoir quelle part de ce qu'elle disait elle incarnait comme sa résistance et sa réaction contre le fait de recevoir de l'argent et d'apparaître sur son compte en banque ?

C'est ainsi qu'elle utilisait cette perpétration contre elle-même.

Même si elle disait la vérité, elle était devenue une partie de la perpétration en ne se permettant pas d'avoir ce qui lui appartient et ce qu'elle pourrait contribuer à démanteler cela, à changer ce monde, à se débarrasser de Monsanto, si elle avait de l'argent.

Nous éliminons et éradiquons les abus sur cette planète en ayant et en utilisant l'argent pour changer les réalités. Si tu ne reçois pas. Tu fais partie du problème et non de la solution.

Nous devons regarder autour de nous et être les agents du changement dans nos vies. Pour moi, ma réalité financière prend soin de mon corps. Cela a été un vrai travail en cours d'écoute de mon corps. Ma réalité financière, c'est d'avoir. Mon compte dix pour cent multiplié par trois : le compte du corps, des affaires et de l'amour-propre. L'idée est d'épargner - de recevoir - trente pour cent de chaque dollar que tu gagnes et dépenses dans un compte séparé pour le corps, l'entreprise et le soi.

Ma réalité financière signifie que j'irai partout dans le monde où l'on m'invitera à donner des cours. Ma réalité financière, c'est une émission de radio de Voice America qui est un travail d'amour et qui coûte entre trente mille et cinquante mille dollars par an. C'est une ressource gratuite parce que je sais que lorsque je reçois un appel de Dubaï, du Pakistan, de l'Inde, de l'Australie, de Hong Kong, d'Israël ou d'ailleurs, et que j'aide une personne à sortir de sa cage d'abus et à devenir radicalement vivante - à passer d'une vie traumatisante à une vie orgasmique - je sais que j'ai touché cette terre et ce pays.

Je sais qu'Internet est accessible partout, et je ne vais pas m'arrêter si cela fait encore partie de ma réalité financière.

Dans quelle mesure ce que j'ai dit concerne-t-il l'argent ? Ce chapitre te rappelle que tu dois créer ta réalité. Ce livre te permet de te recevoir comme un cadeau. Financièrement, se recevoir comme un cadeau est une forme d'amour de soi. L'amour de soi est le sauveur de ma réalité financière. Travailler pour avoir, recevoir, épargner, garantir et créer toute ma réalité à partir de l'authenticité et de la sincérité est le but le plus élevé de ma vie spirituelle. Et franchement, je choisis de vivre radicalement vivante, libre de toute limitation qui n'a jamais été la mienne en premier lieu. Et toi, cher lecteur ? Quelle est ta réalité financière ?

Je vous remercie donc pour le temps que vous m'avez accordé. Pour ceux que je touche pour la première fois, merci d'avoir lu. Pour ceux d'entre vous que je connais très bien, merci. J'apprécie votre temps. J'apprécie votre attention. J'attache de l'importance à vous.

J'espère que tu as trouvé cela fructueux. J'espère avoir été une contribution pour toi, et j'espère avoir l'occasion d'entendre tes commentaires sur cette lecture.

Sois toi-même ! Dépasse tout ! Créez de la magie ! et Allez, soyez, créez !

POSTFACE

Dans l'introduction, je t'ai dit que tu avais mis la main sur une mine d'or, et j'espère que tu comprends maintenant pourquoi.

La vérité, c'est qu'il n'y a tout simplement aucune raison pour que tu ne puisses pas créer tout l'argent que tu désires si tu as le courage et la volonté de regarder "sous le capot" de ta propre réalité financière. Et dans ce livre, je t'ai montré un moyen et je t'ai donné des outils pour commencer à examiner les trois mensonges de l'argent.

Le premier mensonge est que l'argent est Dieu et que tu es inférieur.

Le deuxième mensonge est que l'argent est ton coupable, ton éternel geôlier, et que tu ne peux pas l'avoir.

Le troisième mensonge est que l'argent est un problème.

Et, bien que cela ne représente en aucun cas tous les mensonges de l'argent, c'est suffisant pour te mettre sur la voie.

Rappelle-toi que tu n'as besoin de te décaler que d'un degré, n'est-ce pas ?

Je suis sûr que tu as remarqué qu'il y a beaucoup, beaucoup de questions profondes que tu peux te poser pour démêler tout ce qui se passe autour de l'argent et, j'espère, que tu te les es posées tout au long de ta lecture, ou que tu les as marquées pour y revenir encore une fois.

(Toutefois, si tu ne l'as pas fait ou si tu souhaites obtenir plus d'aide, jette un coup d'œil à l'annexe où j'ai dressé la liste des autres ressources que j'ai à ta disposition. Il y en a une pléthore, et elles sont toutes conçues pour t'aider à atteindre ton propre ROAR® - ta réalité radicalement, orgasmiquement, vivante).

Chaque fois que tu es bloqué et que tu veux t'en sortir, commence par te poser ces trois questions essentielles :

- *Qui suis-je ?*
- *Qu'est-ce que je suis ?*

- *Quel est le mensonge auquel j'adhère et que j'ai rendu vrai ?*

Puis, à mesure que tu découvriras la vérité pour toi-même et que tu libéreras ton énergie, tu voudras avancer dans ta vie avec les "4 C" :

- *S'engager envers toi*
- *Choisis pour toi*
- *L'Univers conspire pour te bénir et veut collaborer avec toi.*
- *Crée-toi*

Une fois que tu auras commencé à choisir ce qui est lumineux et juste devant toi - et que tu auras suivi cette énergie - l'argent te suivra grâce à ce qu'il y a à l'intérieur de toi.

Alors, comme je l'ai dit aux autres...

Je te mets au défi d'être le tsunami ou le tremblement de terre ambulant et parlant qui modifie la réalité par ta simple présence, d'être ton ROAR® (Radically Orgasmically Alive Reality).

Sois toi-même, au-delà de tout et crée de la magie.

Dr. Lisa Cooney, une pionnière de la transformation personnelle !

En tant que thérapeute conjugale et familiale agréée, maître thérapeute Theta et dynamo en tout genre, elle est l'instigatrice de Live Your ROAR ! Sois toi-même ! Au-delà de tout ! Créer de la magie ! Lisa a guidé un nombre incalculable d'âmes dans leur voyage depuis les moments difficiles, comme les luttes de l'enfance, jusqu'à l'adoption d'une "Radically Orgasmically Alive Reality" (ROAR®).

Avec un doctorat en psychologie et un sac rempli de dons extra ordinaires, y compris le Reiki, la guérison Theta, la thermométrie, la thérapie par le souffle, le psychodrame, la thérapie par le rêve, la spiritualité socialement engagée, l'hypnothérapie centrée sur le cœur et l'hypnose de profondeur basée sur le chamanisme, le Dr Lisa est une experte certifiée.

La magie du Dr Lisa découle de son propre parcours de guérison, qui l'a amenée à surmonter non seulement les problèmes de son enfance, mais aussi à vaincre une maladie potentiellement mortelle. Au cœur de ses enseignements transformateurs se trouvent quatre principes d'or : Choisir pour toi, s'engager pour toi, collaborer avec les bénédictions cosmiques et créer la vie que tu désires - essentiellement les 4 C d'une transformation qui fait basculer.

Gourou mondialement recherché, le Dr Lisa donne des cours, des ateliers et des discours électrisants dans le monde entier. Connue pour son mantra "Je l'ai !...quoi qu'il arrive", Dr. Lisa enseigne aux gens comment surfer sur les vagues de l'énergie magique et créative pour une vie qui n'est pas seulement légère et juste, mais carrément délicieuse.

Tu peux retrouver sa présence vivante dans sa propre émission sur la chaîne Voice America Empowerment Channel, où elle est en contact avec des milliers d'auditeurs enthousiastes chaque semaine. Tu peux également lire ses autres livres au succès international, notamment *Radically Alive Beyond Abuse* et *Creating After Abuse*.

www.ingramcontent.com/pod-product-compliance
Lightning Source LLC
Chambersburg PA
CBHW060911140726
47996CB00001B/209